U0733859

不懂组织再造，
怎么做管理

水藏玺◎著

中国纺织出版社有限公司 | 国家一级出版社
全国百佳图书出版单位

内 容 提 要

战略决定流程，流程决定组织。战略决定做正确的事情，流程确保正确地做事，而组织则明确做事的责任，因此，战略、流程、组织被誉为企业经营的"三驾马车"，缺一不可。

从职能中心型组织、流程中心型组织到战略中心型组织，再到去中心化组织、无边界组织、柔性化组织、分权化组织、扁平化组织、敏捷型组织、赋能型组织……随着企业经营环境的变化，组织模式日新月异，组织再造早已成为确保企业战略实现和可持续发展的撒手锏。

本书从全面认识组织再造、组织再造五步法、组织运营管理等维度全面、系统地告诉你组织管理的全过程。

图书在版编目（CIP）数据

不懂组织再造，怎么做管理 / 水藏玺著 . -- 北京：中国纺织出版社有限公司，2021.9（2021.10重印）

ISBN 978-7-5180-8635-1

Ⅰ . ①不… Ⅱ . ①水… Ⅲ . ①企业管理—组织管理学 Ⅳ . ① F272.9

中国版本图书馆 CIP 数据核字（2021）第 113128 号

责任编辑：向连英　　　责任校对：高 涵　　　责任印制：何 建

中国纺织出版社有限公司出版发行
地址：北京市朝阳区百子湾东里A407号楼　邮政编码：100124
销售电话：010—67004422　传真：010—87155801
http://www.c-textilep.com
中国纺织出版社天猫旗舰店
官方微博 http://weibo.com/2119887771
三河市宏盛印务有限公司印刷　各地新华书店经销
2021年9月第1版　　2021年10月第2次印刷
开本：710×1000　1/16　印张：14
字数：205千字　定价：49.80元

前言

在日常工作、生活和学习中，我们经常会提到或听到诸如组织结构、组织原则、组织设计、组织模式等与组织相关的词。

法国管理学家法约尔在《一般管理与工业管理》一书中提出：管理就是实行计划、组织、指挥、控制和协调五大职能，其中，组织作为管理五大职能中一项核心的职能，对管理工作实施和管理目标达成起着至关重要的作用。

企业是一个组织，学校是一个组织，医院是一个组织，家庭是一个组织，军队是一个组织，国家也是一个组织；一场战斗需要组织，一场球赛需要组织，一场会议也需要组织，企业经营更需要组织。所以说，我们就生活在一个具有形形色色组织的世界里，组织无处不在。

既然组织无处不在，组织与我们的工作密切相关，那么这就需要企业内部各级管理者必须系统了解与组织相关的概念、工具和方法。

正因为如此，我们将《不懂组织再造，怎么做管理》作为继《不懂解决问题，怎么做管理》《不懂流程再造，怎么做管理》《不懂带领团队，怎么做管理》《不懂激励员工，怎么做管理》之后，此系列丛书的第五本，期望能够帮助企业管理者做好组织管理工作，并带领团队成员圆满完成组织目标，超越自我，实现基业长青。

这些年，随着 VR、AI、5G、大数据、区块链、互联网等技术的兴起及普及，越来越多的独角兽企业走入了我们的视野，这些企业的成功完全颠覆了我们对企业的传统认知。特别是在近几年中美贸易摩擦以及 2020 年新型冠状病毒疫情的双重影响之下，有很多企业异军突起，逆势增长，如大家熟悉的快手、抖音、蓝思科技等，都是这个时代的佼佼者。原因何在？据我们研究，这与企业内部的组织模式有很大关系，这些企业更懂得在瞬息万变的经营环境之下如何快速优化与再造自己的组织体系，在"危"中找到"机"。

在本书中，我们把企业组织再造的核心工作归结为：

（1）业务蓝图与核心职能规划。组织设计的起点是企业发展战略，因此，组织设计必须建立在对企业发展战略充分理解的基础之上，根据价值链选择描绘业务蓝图，明确企业核心职能，绘制业务逻辑关系图。

（2）确定组织原则，选择组织模式及组织结构设计。首先，做任何事情之前都需要确定原则，企业在进行组织设计之前也应该先明确企业的组织管理原则。正如林德尔·厄威克所言：企业必须明确自己的组织原则。如组织扁平化原则、责权对等原则、充分授权原则、专业分工原则、客户满意原则、高效协同原则等。其次，组织模式选择。可供企业选择的组织模式有很多种，包括直线式、职能式、矩阵式、事业部式、集团式、混合式、区域式等。不同的组织模式有其自身的优势，同时也存在诸多先天性不足，其适用范围也不尽相同，所以企业在进行组织模式选择的时候，要根据生命周期阶段、发展战略、经营模式、企业规模等因素综合考虑，选择适合企业自身的组织模式。最后，还需要根据实际绘制集团结构、公司结构（又称一级结构）、部门结构（又称二级结构），并完成管理层级与管理幅度设计、职位族设计及管理层级关系图绘制等工作。

（3）部门职能规划及分解。部门职能来源于企业业务蓝图，公司一级组织结构确定后，需要将业务蓝图中的所有业务单元进行分解，最终形成各部门一级、二级职能。其中，一级职能对应业务蓝图中的业务类别，二级职能对应业务蓝图中的业务单元。

为了让部门成员对部门职能进行深度理解和认同，还需要用一句言简意赅的语言清晰表达部门所承担的使命和所要追求的终极目标。部门使命是全体成员共同努力和奋斗的方向，因此在进行部门使命描述的时候，一定要语句精炼，富有激情。

为了保证组织分工的充分性，企业还需要对各部门的职能进行三级描述，并按照组织、计划、执行、协助配合、审核或审批、分析改进等几个维度对每项三级职能进行分解。

（4）饱和度分析与职位体系设计。职位体系是企业责任机制的末端，也是组织管理的基础，组织设计时需要对岗位职责、工作饱和度与岗位编制、岗位说明书、岗位任职资格等工作一并进行规划和设计。

（5）组织配套设计。要想让组织发挥最大价值，除了前文提到的内容之外，组织设计还需要同步完成职位发展通道、组织授权体系、组织效能管理、风险管控体系等工作。

另外，为了确保组织高效运营，本书还提出了组织智商管理、组织情商管理、组织绩效管理、组织变革管理等内容，旨在帮助广大管理者全面认识组织的重要性、组织再造工作方法以及组织变革过程中需要注意的问题，提升企业经营业绩，实现企业发展战略。

本书中提出的方法是过去 20 年信睿咨询团队在为近 500 家客户提供组织与流程再造咨询服务的过程中反复实践和验证的结果，具有普遍的应用价值，这也是信睿团队集体智慧的结晶，在本书出版之际谨对信睿咨询的客户及全体顾问致以谢意。

中国纺织出版社有限公司的向连英女士是我多年来一直合作的编辑，从《管理就是解决问题》（2015 年版）算起，到《不懂带领团队，怎么做管理》（2021 年版），我们先后共同合作出版了 9 本书，她的睿智、认真以及对工作一丝不苟的精神，是我学习的榜样，特别是对本套书的策划和编辑更是付出了大量的心血，在此也一并谢过。

最后，还要感谢我的家人，由于顾问工作性质，长期、频繁出差在所难免，很少有时间好好陪在家人身边，在此也谢谢家人的鼎力支持、无私奉献和默默付出。

当然，个人能力、学识与资历所限，疏漏之处在所难免，恳请广大企业家、同行、读者朋友不吝批评与指正，我愿与大家共同成长，推动中国企业实现稳健、可持续发展，创造让世人瞩目的经营业绩。谢谢。

读者如有任何疑惑或不同的观点，可以直接来信与我联系，期待着与大家交流，我的电话：13713696644，电子邮箱：sacaxa@163.com，微信：shuicangxi。

水藏玺

2021 年 3 月于深圳前海

目　录
Contents

第一部分　全面认识组织再造

第一章　组织再造新境界 …………………… 002

一、组织与组织理论 …………………… 003

二、组织再造 …………………… 012

三、组织再造的原则 …………………… 016

四、形形色色的组织 …………………… 019

第二章　组织再造新趋势 …………………… 028

一、组织再造新挑战 …………………… 029

二、组织再造最佳实践 …………………… 032

三、组织再造新趋势 …………………… 038

第二部分　组织再造五步法

第三章　业务蓝图与业务逻辑分析 …………………… 044

一、价值链与业务蓝图 …………………… 045

二、业务逻辑分析 …………………… 050

第四章 组织模式选择与组织结构设计·············· 054

一、组织管理原则 ·················· 055

二、组织模式选择 ·················· 058

三、企业治理结构规划 ·················· 062

四、集团管控模式选择 ·················· 067

五、管理层级与管理幅度设计 ·················· 069

六、职位族及管理层级关系规划 ·················· 069

七、组织结构设计 ·················· 071

第五章 部门职能规划及分解·············· 076

一、明确部门使命 ·················· 077

二、部门职能规划 ·················· 078

三、部门职能树绘制 ·················· 084

四、部门职能描述与分解 ·················· 086

五、部门共性职能 ·················· 087

第六章 职位体系设计·············· 105

一、工作分析 ·················· 106

二、岗位说明书 ·················· 111

三、胜任力与任职资格 ·················· 127

四、工作饱和度分析 ·················· 136

五、定岗、定编与定员 ·················· 138

第七章 组织配套设计·············· 141

一、职位发展通道 ·················· 142

二、组织授权管理 ·················· 150

三、企业风控体系 ·················· 153

四、组织效能管理 ·················· 161

第三部分　组织运营管理

第八章　组织智商管理…………………………………… 168

　　一、组织智商影响因素…………………………………… 169

　　二、组织智商衡量………………………………………… 172

　　三、打造高智商组织……………………………………… 180

第九章　组织情商管理…………………………………… 182

　　一、组织情商影响因素…………………………………… 183

　　二、组织情商衡量………………………………………… 185

　　三、打造高情商组织……………………………………… 191

第十章　组织绩效管理…………………………………… 194

　　一、组织绩效影响因素…………………………………… 195

　　二、组织绩效衡量………………………………………… 196

　　三、打造高绩效组织……………………………………… 204

第十一章　组织变革管理………………………………… 205

　　一、为什么要进行组织变革……………………………… 206

　　二、组织变革曲线………………………………………… 207

　　三、组织变革实践………………………………………… 208

　　四、组织变革风险管理…………………………………… 209

附　录……………………………………………………… 211

第一部分
PART ONE

全面认识组织再造

为了取得经营业绩戏剧性地提高，企业应该再造经营——运用现代信息技术的力量重新设计每项业务的核心流程。

——迈克尔·哈默、詹姆斯·钱皮

顾客是企业的基础，顾客维持企业的生存，只有顾客能创造就业机会。正是为了向顾客提供商品或服务，社会才将创造财富的资源托付给了企业。

——彼得·德鲁克

管理就是实行计划、组织、指挥、控制和协调这五大职能。

——法约尔

战略决定流程，流程决定组织。战略、流程与组织被称为企业经营系统的"三驾马车"。

——本书作者

第一章

组织再造新境界

一、组织与组织理论

二、组织再造

三、组织再造的原则

四、形形色色的组织

一、组织与组织理论

可以这么说，管理是人类从原始社会走向现代文明的伴生物，管理实践和人类社会发展的历史一样悠久和漫长，早在原始社会的部落时代就存在管理，再到后来国家的出现，管理就一直伴随着发展。同样，组织作为管理中非常重要的抓手，也是在不断演变和进化的。就拿我们国家来讲，夏朝的六卿制（司空、后稷、司徒、大理、共工、虞人）、秦汉时期的三公九卿制（丞相、御史大夫、太尉和奉常、郎中令、卫尉、太仆、廷尉、典客、宗正、治粟内史、少府）、唐宋时期三省六部制（中书省、门下省、尚书省和吏部、户部、礼部、兵部、刑部、工部）都是一种典型的国家治理组织结构。

但我们今天所讲的企业管理和企业组织理论则没有人类文明那么历史悠久，其大致可以分为三个阶段：古典管理理论、现代管理理论和当代管理理论。在这个过程中，随着西方文艺复兴和第一次工业革命，特别是第二次工业革命的兴起，管理思想以及管理的各种理论、原则、方法、工具也在蓬勃发展，仅组织管理方面，大家熟悉的代表人物就有亚当·斯密、泰勒、法约尔、韦伯、厄威克、巴纳德、迈克尔·哈默、詹姆斯·钱皮、彼得·德鲁克、彼得·圣吉、罗伯特·卡普兰、戴维·诺顿……随着近些年互联网经济的兴起与快速发展，组织模式也在快速迭代与更新。

为了让大家对组织及其相关概念有一个全面的了解，下面我们对组织相关理论进行一个简明扼要的介绍。

1. 苏格拉底、柏拉图的组织与分工理论

苏格拉底，著名的古希腊的思想家、哲学家，教育家，他和他的学生柏拉图对社会分工及组织都有深入的研究和阐述，可以说是组织分工的鼻祖。

苏格拉底认为，各行各业乃至国家政权都应该让经过训练、有知识才干的人来管理，而反对以抽签选举法实行的民主。他说：管理者不是那些握有权柄、以势欺人的人，不是那些由民众选举的人，而应该是那些懂得怎样管理的人。比如一条船，应由熟悉航海的人驾驶；纺羊毛时，妇女应管理男子，因为她们精于此

道，而男子则不懂。他还说，最优秀的人是能够胜任自己工作的人，精于农耕便是一个好农夫，精通医术的便是一个良医，精通政治的便是一个优秀的政治家。

柏拉图在《理想国》一书中设计了一幅正义之邦的图景：国家规模适中，站在城中高处能将全国尽收眼底，国人彼此面识为度。柏拉图认为国家起源于劳动分工，因而他将理想国中的公民分为治国者、武士、劳动者三个等级，分别代表智慧、勇敢和欲望三种品性。治国者依靠自己的哲学智慧和道德力量统治国家；武士们辅助治国，用忠诚和勇敢保卫国家的安全；劳动者则为全国提供物质生活资料。三个等级各司其职，各安其位。在这样的国家中，治国者均是德高望重的哲学家，只有哲学家才能认识理念，具有完美的德行和高超的智慧，明了正义之所在，按理性的指引去公正地治理国家。

2. 亚当·斯密的分工理论

亚当·斯密，英国著名经济学家、哲学家，亚当·斯密强调自由市场、自由贸易以及劳动分工，被誉为"古典经济学之父"。

在亚当·斯密的《国富论》中，亚当·斯密指出：劳动生产力上最大的改良，以及在任何指导劳动或应用劳动时所用的熟练技巧和判断力的大部分，都是分工的结果。

他还指出，理想的社会分工的好处体现在以下三个方面：

（1）工人技巧的改良，必然会增加他所能成就的工作量，分工既然使各个人的业务还原为某一种单纯的操作，进而使这种操作成为他一生的专业，所以必然会大幅增进工人的技巧。

（2）工人从一种工作转换到另外一种工作时通常会损失掉一定的时间，而分工可以节约这种时间，进而转化为一种利益。

（3）适当地利用机器，可以大大地便利和节约劳动。

在亚当·斯密看来，社会的发展需要分工，当然，企业作为社会组成的一分子，也必须通过科学的分工来提升运营效率。

3. 泰勒的科学管理与组织管理理论

弗雷德里克·泰勒，美国古典管理学家、科学管理理论的倡导者，被后人尊称为"科学管理之父"。

泰勒主张的科学管理核心思想主要包括八个方面：

（1）科学管理的中心问题是提高生产效率。

（2）为了提高劳动生产率，必须为工作挑选"一流的工人"。

（3）采用标准化操作方法、工具、机器和材料。

（4）采用刺激性的工资报酬制度激励工人努力工作。

（5）劳资双方应变对立为合作。

（6）用科学方法取代经验工作方法。

（7）实行职能工长制。

（8）管理中实行例外原则。

在科学管理理论中，泰勒对组织管理的贡献是巨大的，主要体现在：

（1）把计划职能和执行职能分开，在泰勒提出的职能工长制组织结构图中，他把计划职能归属管理当局，并设立专门的计划部门来承担此项职能，而现场工人则从事具体执行的职能，使用规定的工具和方法，且不能自作主张。

（2）结合计划职能和执行职能工作特性及任职要求，又将计划职能细分为工作指令工长、工时成本工长、工作程序工长、工作纪律工长，将执行职能又细分为工作分派工长、速度工长、修理工长和检验工长。这样的分工具有三个优点：其一，每个职能工长只承担某项职能，职责单一，可以缩短对工长的培养时间；其二，人员分工明确，容易界定责任，更容易提升效率；其三，由于作业计划由计划职能统一输出，工具和作业方法标准化程度很高，这样便于降低成本。

4. 法约尔的组织管理理论

亨利·法约尔，法国科学管理专家。

法约尔将企业的全部活动分为技术活动（生产、制造、加工）、商业活动（购买、销售、交换）、财务活动（指资金的筹措及最适当地利用资本）、安全活动（保护财产和人员）、会计活动（财产清点、成本统计、会计核算）、管理活动（计划、组织、指挥、协调和控制）。

法约尔对企业活动的分工可以理解为现代企业组织职能管理的雏形，与迈克尔·波特的价值链模型中的基本活动（内部后勤、生产经营、外部后勤、市场营销、服务）、辅助活动（采购、技术开发、人力资源管理、企业基础设施建设）有一定的相似性，这对企业内部组织结构设计及部门职能规划有极强的指导意义。

法约尔认为，无论企业规模大与小，也不论企业生产和提供什么样的产品和服务，以上六种活动都是存在的。同时，法约尔指出，前五种活动都不负责制定企业战略及经营计划，也不负责内部组织设计与资源调配，而这些职能都归属管理，因此法约尔又提出了管理的五项职能，即计划、组织、指挥、协调和控制。

在管理五项职能中，法约尔对组织职能是这样描述的：组织就是为企业的经营提供所有必要的原料、设备、资本、人员。在法约尔的组织理论中，组织结构的金字塔是职能增加的结果。法约尔指出：职能的发展是水平的，也就是说职能越多，部门内部人员就会越多，一名管理者管理工人的标准为 15 名，30 名工人就需要 2 名管理者，以此类推，当有 60 名工人的时候就需要 4 名管理者，而每4 名管理者就需要 1 名更高层级的共同管理者，按照这种逻辑，组织的金字塔就是这样发展而来的。

5. 马克斯·韦伯的组织管理理论

马克斯·韦伯，德国著名政治经济学家和社会学家，被后人尊称为"组织理论之父"。

韦伯认为，任何组织都必须以某种形式的权力作为基础，没有某种形式的权力，任何组织都不能达到自己的目标。在人类社会中存在三种为社会所接受的权力：

（1）传统权力：传统惯例或世袭得来。

（2）超凡权：来源于别人的崇拜与追随。

（3）法定权力：法律规定的权力。

对于传统权力，韦伯认为：人们对其服从是因为领袖人物占据着传统所支持的权力地位，同时，领袖人物也受着传统的制约。但是，人们对传统权力的服从并不是以与个人无关的秩序为依据，而是在习惯义务领域内的个人忠诚。领导人的作用似乎只是为了维护传统，因而效率较低，不宜作为行政组织体系的基础。

而超凡权力的合法性完全依靠对于领袖人物的信仰，他必须以不断的奇迹和英雄之举赢得追随者，超凡权力过于带有感情色彩并且是非理性的，不是依据规章制度，而是依据神秘的启示。所以，超凡的权力形式也不宜作为行政组织体系的基础。

韦伯认为，只有法定权力才能作为行政组织体系的基础，原因在于：

（1）管理的连续性使管理活动必须有秩序地进行。

（2）为以"能"为本的择人方式提供了理性基础。

（3）领导者的权力并非无限，应受到约束。

有了适合于行政组织体系的权力基础，韦伯勾画出理想的官僚组织模式，它具有下列特征：

（1）组织中的人员应有固定和正式的职责并依法行使职权。组织是根据合法程序制定的，应有其明确目标，并靠着这一套完整的法规制度，组织与规范成员的行为，从而期望有效地追求与达到组织的目标。

（2）组织内部的结构是层层控制的体系。在组织内部，按照地位的高低规定成员之间命令与服从的关系。

（3）人与工作的关系。成员之间的关系只有对事的关系而无对人的关系。

（4）成员的选用与保障。每一职位根据其资格限制（资历或学历），按自由契约原则，经公开考试合格予以录用，务求人尽其才。

（5）专业分工与技术训练。对组织成员进行合理分工并明确每个人的工作范围及权责，然后通过培训来提高工作效率。

（6）团队成员的工资及升迁。按职位支付薪金，并建立奖惩与升迁制度，使团队成员安心工作，培养其事业心。

韦伯认为，凡具有上述 6 项特征的组织，可使组织表现出高度的理性化，其成员的工作行为也能达到预期的效果，组织目标也能顺利达成。韦伯对理想官僚组织模式的描绘，为行政组织指明了一条制度化的组织准则，这也是他在管理思想上的最大贡献。

6. 林德尔·厄威克的组织管理原则

林德尔·厄威克，英国著名管理史学家、顾问和教育家。

厄威克对组织管理的贡献在于他提出了适用一切组织的八项原则（图 1-1）：

（1）目标原则。所有组织都应规定出一个明确的目标。

（2）相符原则。权力和责任必须相符。

（3）职责原则。上级对直属下级工作的职责管理是绝对的。

（4）组织层级原则。企业内部从上到下分为若干个层级，上级对下级实施管理，下级对上级负责。

（5）控制幅度原则。每一个上级所管辖的下级不应该超过 5 人或者 6 人。

（6）专业化原则。部门设置、岗位设置坚持专业分工原则，切不可将完全不相干的两个或多个职能划分到同一部门中。

（7）协调原则。杜绝官僚，强调部门之间、岗位之间的高效协同。

（8）明确原则。对于每项职能都应有明确的要求和标准。

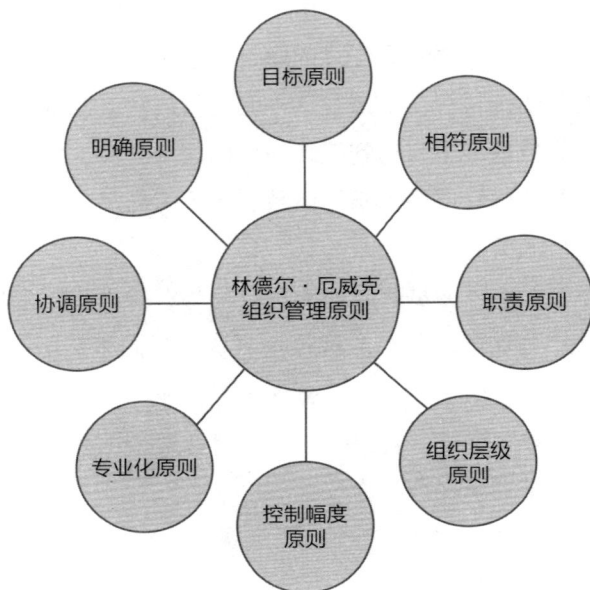

图1-1　林德尔·厄威克组织管理原则

7. 切斯特·巴纳德的组织理论

切斯特·巴纳德，西方现代管理理论中社会系统学派的创始人。

巴纳德认为，社会中各式各样的组织，包括军事的、宗教的、学术的、企业的等多种类型的组织都是一个协作的系统，它们都是社会这个大协作系统的某个部分和方面。这些协作组织是正式组织，它们都包含三个要素：协作的意愿、共同的目标和信息联系。所有的正式组织中都存在非正式组织。正式组织是保持秩序和一贯性所不可缺少的，而非正式组织是提供活力所必需的。两者是协作中相互作用、相互依存的两个方面。

巴纳德认为，一个协作系统是由相互协作的许多人组成的。个人可以对是否参与某一协作系统做出选择，这取决于个人的动机包括目标、愿望和推动力，组织则通过其影响和控制的职能来有意识地协调和改变个人的行为和动机。对于个人目标和组织目标的不一致，巴纳德提出了"有效性"和"能率"两条原则。当一个组织系统协作得很成功，能够实现组织目标时，这个系统就是"有效性"

的，它是系统存在的必要条件。系统的"能率"是指系统成员个人目标的满足程度，协作能率是个人能率综合作用的结果。这样就把正式组织的要求同个人的需要结合起来，这在管理思想上是一个重大突破。

巴纳德提出，经理人员的作用就是在一个正式组织中充当系统运转的中心，并对组织成员的活动进行协调，指导组织运转，实现组织目标。经理人员的主要职能有三个方面：

（1）提供信息交流的体系。

（2）促成个人付出必要的努力。

（3）规定组织的目标。

一个组织的生存和发展有赖于组织内部平衡和外部适应，而管理的艺术就是把内部平衡和外部适应综合起来。

巴纳德指出，经理人员成为企业组织的领导核心，必须具有权威。权威是存在于正式组织内部的一种"秩序"，是个人服从于协作体系要求的愿望和能力。要建立和维护一种既能保持上级权威，又能争取广大"不关心区域"群众的客观权威，关键在于能否在组织内部建立起上情下达、下情上达有效的信息交流沟通系统，这一系统既能保证上级能够及时掌握作为决策基础的准确信息，又能保证指令的顺利下达和执行。要维护这种权威，身处领导地位的人必须随时掌握准确的信息，并做出正确的判断，同时还需要组织内部人员的合作态度。

组织的有效性取决于个人接受命令的程度。巴纳德分析个人承认指令的权威性并乐于接受指令的四个条件：

（1）他能够并真正理解指令。

（2）他相信指令与组织的宗旨是一致的。

（3）他认为指令与他的个人利益是不矛盾的。

（4）他在体力和精神上是胜任的。

经理人员不应滥用权威，发布无法执行或得不到执行的命令。

另外，巴纳德在《组织与管理》一书中再次突出强调了经理人员在企业组织与管理中的重要领导作用，从五个方面精辟地论述了"领导的性质"这一关系到企业生存和发展的根本性的问题：

（1）构成领导行为的四要素：确定目标、运用手段、控制组织、进行协调。

（2）领导人的条件：平时要冷静、审慎、深思熟虑、瞻前顾后、讲究工作的方式方法；紧急关头则要当机立断、刚柔相济、富有独创精神。

（3）领导人的品质：活力和忍耐力、当机立断、循循善诱、责任心以及智力。

（4）领导人的培养和训练：通过培训增强领导人一般性和专业性的知识，在工作实践中锻炼平衡感和洞察力，积累经验。

（5）领导人的选拔：领导人的选拔取决于两种授权机制：代表上级的官方授权（任命或免职）和代表下级的非官方授权（接受或拒绝），后者即被领导者的拥护程度是领导人能否取得成功的关键，在领导人选拔中最重要的条件是其过去的工作表现。

8. 彼得·德鲁克的组织目标理论

彼得·德鲁克，经验管理流派代表人物，被誉为"现代管理学之父"。

早在 1954 年，德鲁克就提出了一个具有划时代意义的概念——目标管理（Management By Objectives，简称为 MBO），它是德鲁克管理思想中最重要、最有影响的概念，并已经成为当代管理学的重要组成部分。德鲁克认为，目标管理的最大优点是它使得一位经理人能控制自己的成就。自我控制就意味着更强的激励：一种要做得最好而不是敷衍了事的愿望。它意味着更高的成就目标和更广阔的事业眼界。目标管理的主要贡献之一就是它使得能用自我控制的管理来代替由别人统治的管理。

德鲁克提出：管理要解决的问题有 90% 是共同的，管理在不同的组织中会有一些差异，因为使命决定愿景，愿景决定结构。管理沃尔玛和管理罗马天主教堂当然有所不同，其差异在于各组织所使用的名词（语言）有所不同。其他差异主要是在应用上而不是在原则上。所有组织的管理者都要面对决策，要做人事决策，而人的问题几乎是一样的。所有组织的管理者都面对沟通问题，管理者要花大量的时间与上司和下属沟通。在所有组织中，约 90% 的问题是类似的，不同的只有约 10%。只有这 10% 需要适应这个组织特定的使命、特定的文化和特定语言。换言之，一个成功的企业领导人同样能领导好一家非营利机构，反之亦然。

德鲁克还指出：组织的目的在于让平凡的人做出不平凡的事情，组织不能依赖于天才，因为天才稀少如凤毛麟角。另外，考察一个组织是否优秀，要看其能否使平常人取得比他们看来所能取得的更好的绩效，能否使其成员的长处都发挥出来，并利用每个人的长处来帮助其他人取得绩效。

9. 迈克尔·哈默、詹姆斯·钱皮的企业再造理论

企业再造理论的创始人原美国麻省理工学院教授迈克尔·哈默与詹姆斯·钱皮，他们于 1993 年出版了《再造企业》一书。书中将企业再造定义为：为了在衡量绩效的关键指标上取得显著改善，从根本上重新思考、彻底改造业务流程。其中，衡量绩效的关键指标包括产品和服务质量、顾客满意度、成本、员工工作效率等。

所谓"再造工程"，是指"为了飞越性地改善成本、质量、服务、速度等重大的现代企业的运营基准，对工作流程进行根本性重新思考并彻底改革"，也就是说，"从头改变，重新设计"。为了能够适应新的世界竞争环境，企业必须摒弃已成惯例的运营模式和工作方法，以工作流程为中心，重新设计企业的经营、管理及运营方式。

结合以上管理思想和理论，根据我们的工作经验和对组织的理解，对组织定义如下：

组织是为了达到某种特定的战略意图或某些特定目标，经由分工与协作及不同层次的权力、责任制度而构成的人的组合。换句话来讲，任何一个组织都必须有明确的目标，同时要求组织当中具有严密的层级、分工、协作以及权力分配。

根据上述不同人的组织理论可以看出：

（1）组织无处不在。正如巴纳德所言，不论是军事、宗教、学校、医院，还是企业，都存在这样那样的组织，只不过这些组织的存在意义、组织目标、组织形式存在一定的差异罢了。可以这么说，只要有人聚集的地方就需要管理，只要有管理的地方就会形成组织，同时在一个组织内部又存在正式组织和非正式组织。

（2）组织要有明确原则。只要有组织就应该明确组织管理基本原则，厄威克提出的组织管理八项原则具有普遍的现实意义，当然，每家企业内部也可以根据自己企业所在的行业特性、管理水平和员工素质确定符合本企业实际的组织管理原则，这是企业内部进行组织管理的基础。

（3）组织内部必须进行分工。正如亚当·斯密所言，分工是社会的基础，分工可以提升劳动生产率，分工可以提升企业经营效益。又如苏格拉底、柏拉图所描述的，分工是国家治理的基础，分工应该遵循专业化原则。

（4）组织要有明确的目标作为基础。组织是为了实现特定的战略或者目标而存在的，因此每个组织都应该明确回答以下问题：即我们的目标是什么？我们存在的价值是什么？未来我们将成为什么样子？我们将为什么工作？

（5）组织不是一成不变的。任何一家企业的组织都不是一成不变的，随着企业规模越来越大、产品线越来越复杂，企业内部员工也就会越来越多，这时候企业就需要及时对自己的组织进行调整；另外，随着企业经营环境（3C，即Customer 顾客：如何满足顾客的核心需求？ Competition 竞争：企业如何适应残酷竞争，并在竞争中取得胜利？ Change 变化：如何响应快速变化，如客户需求的变化、竞争环境的变化、新技术的变化等？）的剧变，企业内部组织体系必须优化与再造。迈克尔·哈默、詹姆斯·钱皮提出的企业再造理论为组织持续优化指明了方向。

（6）组织分工与协作同样重要。如泰勒把计划职能和执行职能分开、法约尔将企业的全部活动分为六大类、迈克尔·波特把企业内部业务活动分为基本活动和辅助活动一样，分工是组织管理的基础，但要想让组织高效运行，组织内部的协作则显得更加重要，组织内部的协作既包括部门间的协作，也包括岗位间的协作。法约尔、韦伯、厄威克、巴纳德在这方面都有明确的阐述。

（7）组织必须确保责权对等。从泰勒的工长制，到韦伯提出的传统权力、超凡权、法定权力，还有厄威克提出的相符原则，都在告诉我们，组织内部必须确保每个人都能责权对等，因为缺乏权力作为保障，职责就难以有效履行。

（8）组织管理的目的是提高效率，进而实现企业经营目标。组织管理的终极目的就是以最经济、最高效、可持续的方式实现企业经营目标，彼得·德鲁克的目标理论很好地诠释了组织的目的在于能让平凡的人做出不平凡的事情。

二、组织再造

组织再造是根据企业经营环境变化而建立或改造企业组织的过程，包括对企业业务蓝图、业务逻辑关系图和组织结构、部门职能、岗位职责、权限等工作的设计和再设计，是把业务、流程、权力和责任进行有效组合和协调的过程。

前文提到，组织是为企业流程顺利实现而服务的，流程则是为企业发展战略的实现服务，所以说，组织再造是企业决策层为实现企业目标而建立信息沟通、权力分配、职责分工、高效协同、人员配置等方面的正式关系，因此组织再造的起点应该是发展战略。

组织结构是组织全员为实现组织目标而进行的分工与协作，在员工相互关系、职责范围、责任、权力、地位、层级等方面，按照一定的原则所形成的一个框架体系，因此，组织结构是组织再造的一个重要组成部分。

1. 组织再造核心工作

组织再造是企业开展一切经营活动的基础，企业组织再造的核心工作包括：

（1）业务蓝图与核心职能规划。组织再造的起点是企业发展战略，因此，组织再造必须建立在对企业战略充分理解的基础之上，根据价值链选择描绘企业业务蓝图，识别企业核心职能，绘制业务逻辑关系图。

（2）选择组织模式及组织结构设计。首先，不依规矩，不成方圆。做任何事情之前都需要确定原则，企业在进行组织再造之前也应该先明确企业的组织管理原则。正如厄威克所言，企业必须明确自己的组织原则，如组织扁平化原则、责权对等原则、充分授权原则、专业分工原则、客户满意原则、高效协同原则等。

其次，可供企业选择的组织模式有很多种，包括直线式、职能式、矩阵式、事业部式、集团式、混合式、区域式、流程中心型、战略中心型、阿米巴，等等。不同的组织模式有其自身的优势，同时也有一些先天性不足，其适用范围也不尽相同，所以企业在进行组织模式选择的时候，要根据发展阶段、发展战略、经营模式、企业规模等因素综合考虑，选择适合企业自身的组织模式。

最后，还需要根据实际绘制集团结构、公司结构（又称一级结构）、部门结构（又称二级结构），并完成管理层级与管理幅度设计、职位族设计及管理层级关系图绘制等工作。

（3）部门职能规划与分解。部门职能来源于企业业务蓝图，公司一级组织结构确定后，需要将业务蓝图中的所有业务单元进行分解，最终形成各部门一级、二级职能。其中，一级职能对应业务蓝图中的业务类别，二级职能对应业务蓝图中的业务单元。

为了让部门成员对部门职能进行深度理解和认同，还需要用一句言简意赅的语言清晰表达部门所承担的使命和所要追求的终极目标。部门使命是全体成员共同努力和奋斗的方向，因此在进行部门使命描述的时候一定要语句精炼，富有激情。

为了保证组织分工的充分性，企业还需要对各部门的职能进行三级描述，并按照组织、计划、执行、协助配合、审核或审批、分析改进等几个维度对每项三级职能进行分解。

（4）饱和度分析与职位体系设计。职位体系是企业责任机制的末端，也是组织管理的基础，组织再造时需要对岗位职责、工作饱和度与岗位编制、岗位说明书、岗位任职资格等工作一并进行规划和设计。

（5）组织配套设计。要想让企业组织发挥最大价值，除了前文提到的内容外，组织再造还需要同步完成职位发展通道、组织授权体系、组织效能管理、风险管控体系等工作。

2. 组织再造需要考虑的几个核心问题

组织再造会因企业所处生命周期的不同、企业经营模式、管理层级、管理幅度、员工素质水平等因素所有差异。

（1）组织再造与企业生命周期。企业在不同的生命周期阶段，就像一个人处于不同的年龄段一样，其历史使命和经营重点是不同的，所面临的问题以及解决这些问题的最佳路径和方法也是有差异的，如表1-1所示。同理，完成历史使命及满足经营需求的组织体系也会存在较大的差异。

表1-1 不同生命周期阶段组织再造对比

生命周期阶段	企业面临的问题	组织再造的重点
初创期	生存危机	价值链选择、组织初始化、职能定义
成长期	秩序危机	明确组织原则、管理层级规划、管理幅度规划、组织结构设计、组织职能规划与分解、组织效率
成熟期	战略危机	组织观念迭代、组织原则调整、价值链优化、组织职能再设计、组织结构优化、组织模式迭代
衰退期	文化危机	组织观念升级、价值链重组、组织原则升级、组织模式再造

（2）组织再造与企业经营模式。由于企业的战略选择不同，其商业模式和价值链选择、经营模式也会存在差异；即便是相同的战略选择，其经营模式也可能

会存在差异。在这种情况下，就会导致企业的组织体系是千差万别的。

常见的企业经营模式有市场主导型、技术主导型、生产管理型、横向分工型、分散经营型、集中经营型、混合经营型、分层管理型八类，如表 1-2 所示。

表1-2　不同经营模式组织再造对比

经营模式	适用范围	组织特征	组织再造重点
市场主导型	销售主导型企业、贸易公司	市场—技术—生产 组织强调快速响应	市场竞争激烈，强调市场和销售的主导作用
技术主导型	研发主导型企业、研发公司	技术—生产—市场 以项目型组织体系为主	组织强调对未来技术走势的预测和判断，组织管理的重点为项目管理、知识管理
生产管理型	生产主导型企业、代工厂	生产—技术—销售 以计划为主导的组织体系	生产占主导地位，在保证产品质量的前提下扩大生产规模
横向分工型	绝大多数综合管理型企业	根据价值链进行横向分工，适合事业部式组织模式	强调专业分工
分散经营型	集团化运作企业	一业为主，多业经营，适合集团式组织模式	强调分权、独立经营
集中经营型	集中经营企业	突出专业，做大做强	强调集权、经营品种单一
混合经营型	集团化运作企业	主业集中，副业分散，适合集团式组织模式	强调独立核算，在战略上重视产业一体化整合
分层管理型	大型集团企业	总部—分子机构—部门	强调分权经营、分层管理

（3）组织再造与管理层级、管理幅度。提到组织再造，我们不得不提到两个基本概念：管理层级与管理幅度。

管理层级是指从最高管理层到具体工作人员之间的层级数量。影响管理层级的因素有专业化程度、组织规模等。

管理幅度是指管理者直接指挥的下属的数量。影响管理幅度的因素有管理者的能力、下属的综合素质等。

如图 1-2 所示，我们可以看到该公司的管理层级为 4 级，总经理—经理—主任—专员，总经理的管理幅度为 6 个，分别为经理 1、经理 2、经理 3、经理 4、经理 5 和经理 6；经理 1 的管理幅度为 3，分别为主任 1、主任 2、主任 3。

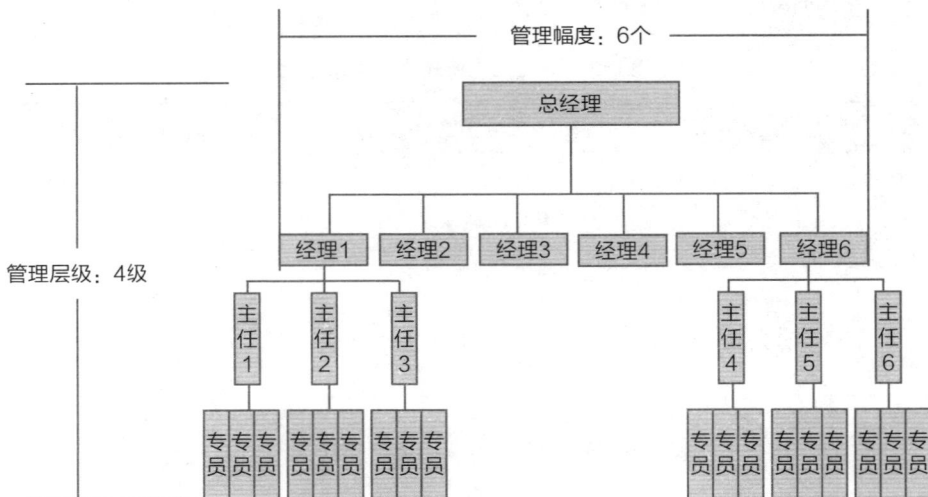

图1-2　管理层级与管理幅度（示意）

三、组织再造的原则

为了保证组织体系既能满足目前业务运作的需要，又能保证公司战略及流程快速实现，同时要求各部门协调一致、组织效率大幅度提升，在进行组织再造的时候，充分掌握组织再造的一些原则是非常有必要的，图 1-3 所示是一些组织再造的原则。

1. 战略实现原则

战略实现原则是指企业在进行组织再造的时候，要以满足未来公司战略目标的实现为"瞄准"，以实现年度经营目标为"靶心"，既要着眼现在，又要放眼未来，因为不同的战略对企业组织的要求是不同的。

2. 流程高效原则

组织支撑流程，因此，企业在进行组织再造与组织分工的时候，一定要以流程高效运营为基础。因为离开了流程高效运营的组织是低效的，也是无序的。

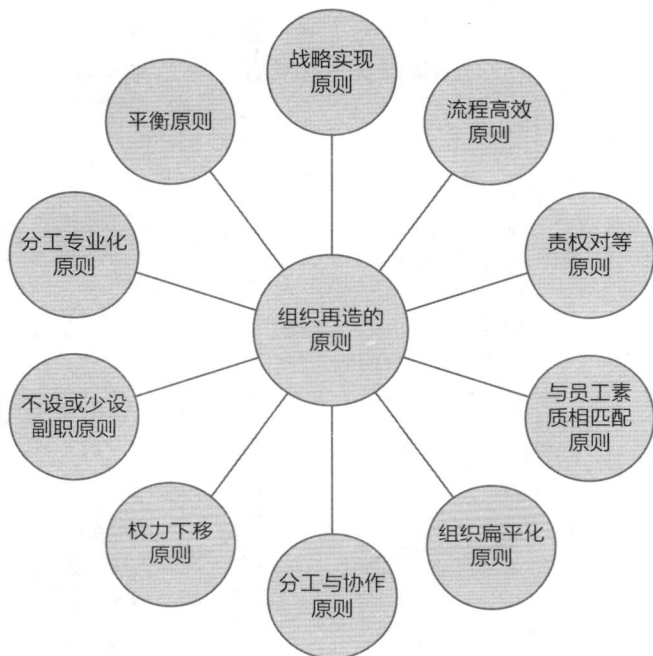

图1-3　组织再造的原则

3. 责权对等原则

责权对等原则是指在进行组织再造的时候，尽可能做到部门、岗位所行使的职责与其所拥有的权力相匹配，只有这样，部门、岗位在开展工作的时候才能得心应手。通常我们把企业的权力分为四种，即财务权限、人事权限、信息权限和资源调配权限，在进行组织再造时，一般需要同时设计权限分配表，也就是我们通常所讲的职权手册或分权手册。

4. 与员工素质相匹配原则

与员工素质匹配原则是指组织结构的设计必须结合现有员工的综合素质，不能脱离现实而去设计。企业在进行组织再造的同时，还会根据自己的战略要求设计公司能力素质模型，同时建立不同职位族、不同岗位的任职资格，然后通过对任职者的分析和测试，发现员工自身素质与组织需要的差异，并通过不断地培训工作，使员工的综合素质能够达到组织的需要。

5. 组织扁平化原则

组织扁平化原则是指在组织再造时尽可能加大管理幅度，同时减少管理层级。如果企业管理层级过多，一方面会造成管理职位增加、管理成本增加；另一方面组织信息传递很慢，而且容易造成信息失真，同时使组织的计划和控制程序复杂化。当然，如果要设计合理管理幅度和管理层级，设计者需要了解不同管理层级、管理幅度的利与弊，如表 1-3 所示。

表1-3　不同管理幅度和管理层级的组织比较

组织形式	优点	缺点
管理幅度小、管理层级大的组织	（1）严密的多层级监督与控制 （2）组织运营风险较低 （3）对管理者的要求不高	（1）管理成本高 （2）高层管理者与基层员工往往缺乏有效的沟通 （3）灵活性差，反应慢
管理幅度大、管理层级小的组织	（1）管理成本较低 （2）则权对等，权力下移 （3）灵活性好，反应快	（1）对管理者素质要求较高 （2）上级负担过重 （3）上级有失控的风险

6. 分工与协作原则

分工与协作原则是指组织内部既要进行细致的分工，同时也需要密切协作。传统的组织结构过多地追求分工，而从现在组织发展的趋势来讲，组织内部的协作越来越重要。

（1）传统企业：过分注重分工。长期以来，形成了"山大王""座山雕""部门至上""以领导满意为中心"的思想，部门之间的沟通与协作主要依靠公司的文件规定、公司级会议、公司行政命令、领导临时指令等，部门之间总是发生推诿扯皮、责任不清的现象，组织运作效率低下。

（2）现代企业：既注重分工，又注重协作。现代企业主张分工是手段，协作才是目的。现代企业部门之间的协作主要依靠跨部门的流程来实现，这时候部门不再以个体为单位，而是以流程相关的两个或多个部门为共同体，同时以追求客户满意（既包括外部客户，也包括内部客户）为目标，而且相关部门注重的不再是部门个体绩效，而是整个流程的绩效。

7. 权力下移原则

权力下移原则是指根据部门、岗位需要，按照责权对等的原则适当将公司的相关权力下移。尤其对于一线员工更应明确其所拥有的权力，确保"让听得到炮声的人去决策"。

8. 不设或少设副职原则

不设或少设副职原则是指尽量在二级部门少设或不设管理副职，避免资源浪费和多头指挥。但在以下情况下，企业要考虑设置副职：

（1）正职需要升职。

（2）正职管理幅度过大。

（3）部门职能横跨多个专业，正职专业知识有限。

（4）公司业务和规模扩张很快，需要培养后备干部。

9. 分工专业化原则

分工专业化原则是指按照专业化分工的思想设置部门和岗位。法约尔的组织管理理论和迈克尔·波特的价值链模型都对企业内部的业务做出了明确的分类，企业在进行内部分工的时候，一定要按照专业进行分工，只有这样，才能使组织效率大幅度提升。

10. 平衡原则

平衡原则是指部门之间、岗位之间的职能、权力设计基本对等，而且部门之间不能出现职能过多或职能过少的部门，也不能出现权力过大或权力过小的部门，否则就很难解决部门之间的有效协调问题。

四、形形色色的组织

不同的企业，其组织模式可以说是千差万别，而这些差异性又跟企业的规模、产品结构、管理风格、经营风险控制、行业发展等因素有密切关系，但不管企业组织如何变化，常见的组织模式有职能中心型组织、流程中心型组织、战略中心型组织等。当然，随着管理手段、方法和理念的不断提升，以及企业经营环境的变化，现在又出现了诸如学习型组织、敏捷组织、阿米巴组织、倒金字塔组织等多种组织模式，如图 1-4 所示。

1. 职能中心型组织

职能中心型组织强调各项职能的有效履行，它强调组织内部的分工，要求组织分工必须做到"横向到边，纵向到底"，同时为了保证职能履行，职能中心型组织又会设置诸多监督职位。现在绝大多数企业的组织基本上都是以职能为核心的。

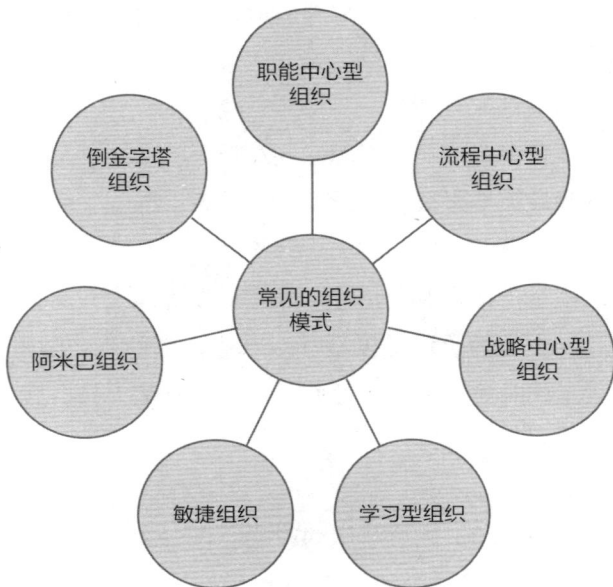

图1-4　常见的组织模式

2. 流程中心型组织

流程中心型组织是相对于职能中心型组织而言，它强调以流程为导向，以提升组织效率和客户满意为宗旨。

流程中心型组织的兴起和快速发展并不是偶然的，促使它产生的驱动力来自三个方面，分别为：

第一，组织外部的环境发生了变化，全球经济一体化、技术更新快、产品迭代快、客户需求多样化、互联网对传统商业文明的冲击等，这些外部的变化都推动着组织的改变。

第二，传统的职能中心型组织的缺点导致组织的内驱力不足，机构臃肿，部门之间互相推诿，存在"部门墙"，组织效率低下，不能满足激烈的市场竞争需要。

第三，管理理论的发展，如流程再造、价值链、价值环、核心竞争力等理论，为流程中心型组织的诞生和发展提供了坚实的理论基础。

既然流程中心型组织强调以流程为导向，企业进行流程中心型组织建设的过程需要思考以下问题：核心价值链选择与分析、识别并建立核心流程、核心流程优化与再造、建立流程团队。图1-5是流程中心型组织的演变轨迹。

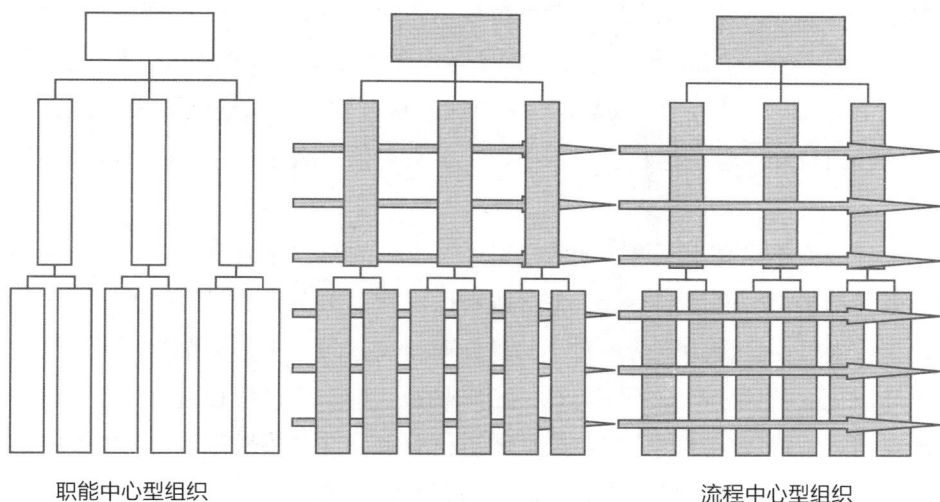

职能中心型组织　　　　　　　　　　　　　　　　　流程中心型组织

图1-5　流程中心型组织的演变轨迹

3.战略中心型组织

战略中心型组织最早是由美国著名管理学家罗伯特·S.卡普兰和戴维·P.诺顿提出的，在《战略中心型组织》一书中进行了详细阐释。战略中心型组织最大的特点就是它可以系统地描述、衡量和管理战略。

我们不妨先回顾一下。职能中心型组织强调职能的履行，以"领导为核心"，领导的指令和意愿就是工作的方向，久而久之，该类组织就形成了各种各样的"山头文化""部门墙"，导致组织效率低下，部门之间的协作性也越来越差。流程中心型组织打破了职能中心型组织的弊端，保证单个流程效率提升，让在同一个流程体系内的员工工作指向性更加明确（指向流程绩效），但流程中心型组织同样存在问题，那就是：如何解决流程之间的协同；如何保证企业整体运营效率的最大化。这就需要企业建立战略中心型组织，因为对于任何一家企业而言，必须以实现特定的战略目标为前提。战略目标的分解首先要考核流程之间的协同，然后再考虑部门职能的正常履行。

（1）战略中心型组织的特征。战略中心型组织融合了职能中心型组织和流程中心型组织二者的优点，使组织的目标更加明确、流程更加高效、组织职能履行更加有效。

①强调一切行动向战略看齐。有一个道理我想大家都很好理解，一家企业存在的唯一理由是客户还"需要"它，如果客户不再"需要"，这家企业也就走到了尽头。那么如何才能保证客户能够持续不断地"需要"企业？解决这一问题的唯一办法就是企业的战略。战略是满足客户某种至关重要的需求，以优于竞争对手的方式加以执行，并且持续不断地保持这种优势。从这个意义上讲，企业内部的任何行动（包括流程、组织、员工）都必须以满足客户需求和战略实现为准绳。

②让战略不再高不可攀。通常来讲，一提到战略，绝大多数人都会认为那是企业老板的事情、高层的事情，似乎跟自己没什么关系。正因为这样，员工在实际的工作中往往会因为不清楚自己的目标而迷失方向、失去工作的动力；同时企业的高层也会苦恼于战略不能落地，始终悬在空中。战略中心型组织强调将企业的战略清晰地加以描述，通过战略地图进行分解，并且将战略转化为可操作的行动计划，让每位员工的工作与企业的战略之间建立关联。

③强调战略、流程、职能高效协同。前面我们在分析职能中心型组织和流程中心型组织的优缺点的时候，可以看到这两种组织形式都存在致命的弱点，而战略中心型组织则强调战略、流程、职能的高效协同，在弥补二者缺点的同时，强调以战略为核心，流程和职能围绕战略高效协同。

（2）战略中心型组织建设的原则。卡普兰和诺顿认为，战略中心型组织建设必须遵守以下5项基本原则：

①高层领导推动变革。战略中心型组织的建设是一项"一把手"工程，很难想象没有高层参与和支持的战略变革可以取得最后的成功。而且，如果没有高层的参与，组织也很难实现横向和纵向的协同，平衡计分卡很难给组织带来明显的价值，也不能建立真正的战略中心型组织。

②把战略转化为可操作的行动。卡普兰和诺顿在《战略地图：化无形资产为有形成果》中提出，和高层团队一起明晰战略，确定战略目标，并把战略转化为一张简单易懂的战略地图，可以明确组织或业务单元和职能部门的各个战略目标间的因果关系。然后利用平衡计分卡对关键目标进行具体的解释，并为各个目标设定衡量指标及指标值，确定行动方案和责任人。这样一来，企业的战略便可转化为一系列可操作的行动方案。

③使组织围绕战略协同化。企业高层就组织的战略地图和平衡计分卡达成一

致后，接下来要把战略分解到组织的各个层级，实现纵向和横向的有效协同。纵向的协同通过职能管理来实现，而横向的协同则通过流程来实现，这时候企业就需要综合职能中心型组织和流程中心型组织的优点，以战略目标实现和行动方案落地为核心进行内部的高效协同。

④让战略成为每人的日常工作。战略管理归根结底是对人的管理，如果战略执行没有得到所有员工的支持，难以想象会有成功的战略管理。因此对于企业管理者来说，首先应当建立科学合理的管理体系，构建强有力的执行机制，然后需要逐步优化人员的管理。如果个人的结果最后没有体现在个人价值实现上，战略执行的结果是不可持续的，因此，还需要考虑将个人的执行结果和职业发展、员工能力提升以及激励机制挂钩，形成完整的、可持续的战略管理系统。这样，个人在通过努力达到个人目标的同时也帮助组织达成了公司的目标，战略必定成为每个人的日常工作。

⑤使战略成为持续性流程。战略中心型组织的最高境界就是要将企业的战略管理变成一个持续的流程，战略明晰、战略地图绘制、平衡计分卡、目标分解及行动计划确定、阶段性检讨和回顾、问题的分析及改进要成为企业经营的一个完整的流程体系，保证企业的运营始终围绕战略展开。

表 1-4 是职能中心型组织、流程中心型组织和战略中心型组织比较。

表1-4　职能中心型组织、流程中心型组织和战略中心型组织比较

组织类型	职能中心型组织	流程中心型组织	战略中心型组织
关注重点	以职能为导向，强调分工	以流程为导向，强调协作	以战略为导向，强调目标
组织特征	直线式、职能式	扁平化、网络型	混合型
适应环境	稳定、变化慢	不稳定、变化快	不稳定、变化快
管理方式	行政命令	相互协调	强调协同
权力结构	集权	分权	分权，员工自主管理
职位设计	个人化职位	以团队为基础	个人与团队相结合
管理制度	严密	有较大的灵活性	灵活性极强
工作目标	领导、职位要求	客户需求	目标导向
员工素质	一般要求	较高要求	极高要求
文化特征	单一文化	多元文化	混合文化

4.学习型组织

彼得·圣吉，学习型组织之父，美国管理学大师，美国麻省理工学院斯隆管理学院资深教授，国际组织学习协会创始人。彼得·圣吉在《第五项修炼：学习型组织的艺术与实务》一书中提出了学习型组织理论。

彼得·圣吉认为，在新的经济背景下，企业要持续发展，必须增强整体能力。也就是说，企业不能只依靠像福特、斯隆那样伟大的领导者一夫当关，运筹帷幄，未来真正优秀的企业将是能够设法使各层次员工都全身心投入并能不断学习的组织——学习型组织。

彼得·圣吉认为，学习型组织有五个组成部分，分别是：

（1）建立共同愿景。共同愿景可以凝聚公司上下的意志力，透过组织共识，大家努力的方向一致，个人也乐于奉献，为组织目标奋斗。

（2）团队学习。团队智慧应大于个人智慧的平均值，通过团队学习确保做出正确的组织决策。另外，通过集体思考和分析，找出个人弱点，强化团队向心力。

（3）改变心智模式。组织的障碍，大多来自个人的旧思维、老观念和过去的经验，例如固执己见、本位主义、不愿接受新事物、以我为中心等，唯有通过团队学习，以及标杆学习才能改变心智模式，有所创新，跟得上时代的变化。

（4）自我超越。学习型组织要求个人有意愿投入工作，并具有高超的专业技能。同时个人与企业愿景之间有一种创造性的张力，只有这样才能不断超越自我，从优秀到卓越，再到基业长青。

（5）系统思考。应通过信息搜集，客观掌握事情的全貌，以避免"只见树木，不见森林"的状况，培养综观全局的思考能力，看清楚问题的本质，发现影响企业经营的真正原因，帮助企业持续提升经营业绩。

5.敏捷组织

敏捷组织是随着近些年企业内外部经营环境快速变化而发展起来的，随着信息化、网络化、智能化、生态化、国际化、微利化等经营时代的到来，越来越多的企业开始意识到并重视通过组织模式变革实现战略转型、业务模式调整及盈利能力提升。在这种大背景下，敏捷组织应运而生。

所谓敏捷型组织，就是对企业内外部经营环境变化能做出快速反应的组织。如大家提出的柔性化组织、去中心化组织、扁平化组织、无边界组织等都是敏捷组织的不同表现形式而已。

敏捷组织与传统组织不同，具有以下几个明显特征：

（1）共同愿景。与学习型组织主张的"建立共同愿景"相似，敏捷组织强调在共同使命和愿景的凝聚下，全体员工明确"我"和"企业"的关系，将"企业的事"变成"我的事"，共同努力实现企业经营目标。

（2）信息透明。信息透明的目的是让全体员工都能在第一时间内获得必要的信息，减少信息在传递过程中的失真，为快速应对环境变化并做出正确决策提供依据。

（3）充分授权。传统组织强调职权，每个岗位都有其明确的责任范围和权限边界，而在敏捷组织中每位员工可能同时扮演不同的角色，因此充分授权、柔性化授权就显得极其重要。

（4）快速决策。过去经营企业在决策之前往往需要反复论证，在确保至少有70%以上把握的时候才决策要不要做。而现在不同，很多事情在决策之前就根本没有数据支撑，甚至缺乏相关文献研究，这就需要企业在明确大方向的前提之下快速决策，并且做到小步快跑，发现错了就赶紧调整，发现方向没错就快速推进，在别的企业没有搞明白之前就已经把事情做成了。

（5）快速迭代。有句话讲得特别好：任何你能想到的事情，总会有人帮你去实现。在信息技术高度发达的今天，任何成功的组织模式很快就有人研究和应用，因此，这就要求企业必须像做产品那样，做到快速迭代和升级自己的组织模式。

（6）高效运营。过去我们说：大鱼吃小鱼，精鱼吃傻鱼。现在我们讲：快鱼吃慢鱼。敏捷组织就是要求企业在快速决策的基础上以超越别人的速度协调内外部所有资源高效运营。

（7）结果导向。敏捷组织更加强调"目标导向、结果导向"，超越正常组织的绩效表现才是衡量敏捷组织是否成功的唯一标志。

6. 阿米巴组织

稻盛和夫是阿米巴组织理论的创始人，日本管理专家、哲学家，曾经创造了京瓷、第二电信两家世界 500 强企业。在《阿米巴经营》一书中提出了阿米巴经营原理，稻盛和夫认为经营企业就是经营人心。人体内的数万亿个细胞在一个统一的意志下相互协调，公司内的数千个阿米巴（小集体组织）只有齐心协力，才能够使公司成为一个整体。

稻盛和夫提出的阿米巴组织理论有三个核心：

（1）经营哲学。阿米巴提倡"人人都是经营者"，引导企业上下一心共同经营企业。

（2）组织划分。通过组织划分将企业分成小的阿米巴，培养具有管理意识的领导，让每个阿米巴独立经营。

（3）经营会计。用经营会计协助全体员工参与经营管理，从而实现"全员参与"的赋权式经营方式，同时让经营者能够通过会计核算报表及时、清楚地掌握企业经营情况。

可见，阿米巴的核心就是划小经营单元，让每个阿米巴自主经营，发挥每个员工参与经营，改善经营业绩的积极性和主动性。

7. 倒金字塔组织

倒金字塔组织是在20世纪70～80年代由瑞典的北欧航空公司总经理杨·卡尔松提出的，杨·卡尔松认为人人都想知道并感觉到他是别人需要的人；人人都希望被作为个体来对待；给予一些人以承担责任的自由，可以释放出隐藏在他们体内的能量；任何不了解情况的人是不能承担责任的，反之，任何了解情况的人是不能回避责任的。正是基于以上的假设，杨·卡尔松开创性地提出了"倒金字塔组织模式"。

杨·卡尔松提出的"倒金字塔组织模式"与传统的"金字塔式组织模式"完全不同，在传统"金字塔式组织模式"中，普通员工位于金字塔底部，只能按照领导的指示办事；中层管理者位于金字塔腰部，监督执行状况；高层管理者位于金字塔顶部，公司的任何重大决策都是从顶部发出。这种组织模式的最大弊端就是公司高层作为最终决策者，他往往远离一线，不了解一线的真实状况，导致经营决策迟缓或者错误。而倒金字塔式组织模式则将普通员工放在最上面，中层的位置没有发现变化，还是处于金字塔腰部，而高层则处于金字塔最底层。因为普通员工往往是与客户、供应商打交道的第一层面，也是直接面对工作矛盾并需要第一时间做出决策的第一层面，因此，倒金字塔组织模式直接授权给一线员工，而中层、高层只负责资源支持并监督政策执行情况，这种模式可以极大地调动一线员工的工作主动性。图1-6是正金字塔组织模式与倒金字塔组织模式示意。

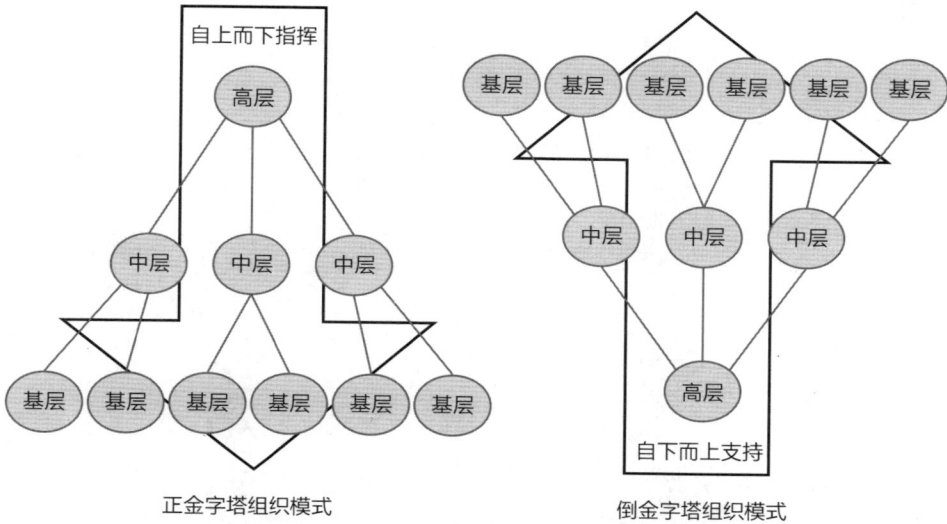

图1-6　正金字塔组织模式与倒金字塔组织模式

　　对于倒金字塔组织模式在国内企业也有很多成功的实践，海尔就是一个典型的例子。海尔提出的倒金字塔组织模式的最上边是以客户为中心的"接单—研发—生产—物流—服务"经营单元；中间为职能部门，这些职能部门为最上面的各个经营单元进行赋能和资源支持；而最下面的则是公司高层，高层为中层提供方向和支持。

第二章

组织再造新趋势

一、组织再造新挑战

二、组织再造最佳实践

三、组织再造新趋势

一、组织再造新挑战

不可否认，现在的企业正处于一个前所未有的大动荡时代。无论是企业面临的外部宏观环境、外部竞争环境，还是内部经营环境、管理理念、管理对象、管理工具、管理方法及手段也都随之发生着颠覆性的变化。正因为如此，组织作为企业运营的载体也面临着前所未有的挑战。

1. 从有章可循到扑朔迷离

记得在 2018 年 6 月中旬我们在辅导国内一家外向型企业做五年战略规划，基于对当时中美贸易持续增长的预测，项目组提出每年保持 15% 的对美出口增幅。但还没等战略规划定稿发布，特朗普政府在 2018 年 8 月份就提出拟对中国 2000 亿美元进口商品加征关税，而且这一中美贸易摩擦一下子就持续了两年之久，这家企业的战略就不得不做出重大调整。

同样的场景在 2020 年也曾上演。按照我们与客户的约定，从 2019 年 10 月开始，我们就要辅导客户进行 2020 年度经营计划制订工作。依我们的方法论，在制订 2020 年度经营计划之前，我们需要对该企业 2020 年面临的外部经营环境、内部经营环境、竞争态势等进行细致分析，当时大家统一的分析结论是虽然外贸市场不景气，但在国家双循环以及新基建战略带动下，国内经营环境还是向好的，也正是基于这样的分析和判断，我们做出了重点发展华中、华南市场，逐步拓展华北、西南、华东市场的经营策略。但出乎意料的是随着武汉因新型冠状病毒疫情于 2020 年 1 月 23 日封城开始，这家企业的年度经营计划就彻底被打乱了。

估计与以上列举的类似例子在近些年每天都在发生，面临中美贸易摩擦、新型冠状病毒疫情、互联网 + 冲击、实体经济与互联网经济高度融合、供给侧改革、需求侧改革、客户需求多元化、生产制造柔性化、产品快速迭代化等一系列内外部经营环境的变化，越来越多的企业开始看不懂，也看不清未来了。同样，企业传统的组织模式也已经与这个时代格格不入了。

为了应对多变的经营环境，企业必须做出相应的调整和优化，正所谓应对变化最好的办法就是创造变化。既然变化无处不在，企业就应该学会战略调整、流程优化、组织再造的相关技能和方法，并随机而动才能确保基业长青。

2. 从暴利时代到微利时代

对比中国企业过去几十年的发展历程，我们发现，随着竞争加剧、产能过剩、物价上涨、通货膨胀、人工成本增加等因素的影响，中国企业正从暴利时代、高毛利时代转向低毛利时代，甚至微利时代。这时候企业需要精打细算，通过关注客户、产品创新、价值链重组、运营模式创新、拥抱互联网等手段来提升盈利能力。而以上目标的实现，始终离不开组织模式的优化与升级。因为在暴利、高毛利时代企业不需要太多关注组织带来的价值，而低毛利时代，甚至微利时代，已经不允许企业采取掠夺式的经营模式和粗放的组织管理了。

3. 从分工到协作

传统的管理认为，企业组织管理的核心在于分工，只要保证企业内部的每一项职能都有相应部门和岗位承接就行了。但现实的状况往往是事与愿违，因为企业内部的分工只是解决了每个部门、每个岗位"做什么"的问题，而没有解决"怎么做"的问题。也就是说，只强调分工的话，大家都明白了自己要做哪些事情，承担哪些职能，但他们并不清楚做这些事情的先后顺序和工作关系。而要解决这一问题，理清部门之间、岗位之间的协作关系以及协作要求才行。

如图2-1所示，企业内部的分工有两种：横向分工和纵向分工。横向分工是将企业根据价值链布局及业务蓝图需要做的所有业务按照专业化分工的原则进行分解，最终形成公司的一级部门；纵向分工则是将每个部门所承接的职能按照组织、计划、执行、协助配合、审核或审批、分析改进等节点进行分解，最终形成部门内部的岗位体系。

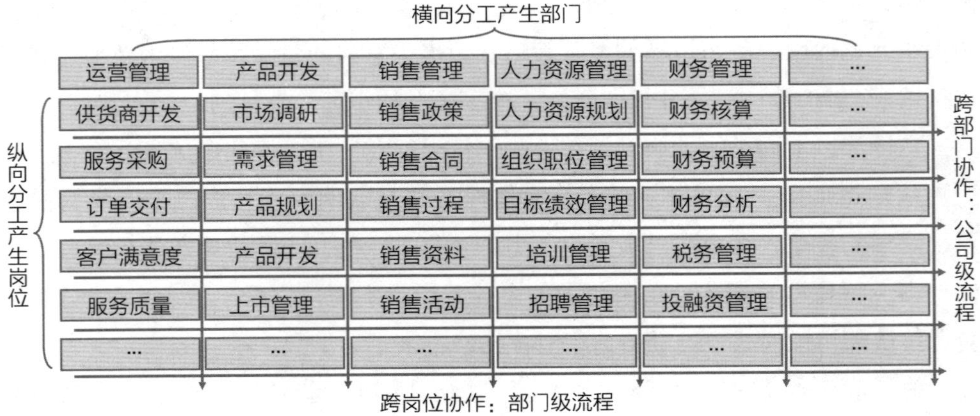

图2-1 组织分工与协作关系

企业内部的协作也有两种：跨部门的协作和跨岗位的协作。跨部门协作解决部门之间的协作关系，跨岗位协作解决岗位之间的协作关系。

企业在进行分工的时候一定要把握好两个原则：横向到边、纵向到底。同样，协作也需要把握好两个原则：目标导向，结果导向。

另外，根据我们的理解，企业进行组织分工是基础，而做好组织协作才是关键，也可以这么说分工是静态的，协作是动态的；分工是手段，协作才是目的。表2-1是分工与协作对比。

表2-1 分工与协作对比

	分工	协作
来源	企业价值链及业务蓝图	企业价值链及业务蓝图
目的	（1）反映组织内部组织状态 （2）明确部门、岗位职责 （3）明晰静态责任承担主体 （4）部门价值、岗位价值的载体	（1）反映组织内部协作状态 （2）明确部门之间、岗位之间协作关系 （3）明晰工作上下游动态责任主体 （4）公司价值创造与实现的基础
原则	横向到边、纵向到底	目标导向、结果导向
特点	以领导为核心，纵向负责	以客户为核心（包含内部客户、外部客户），横向负责

4. 从精雕细琢到快速迭代

过去企业在产品研发方面追求极致，要用全部的智慧和力量打造让顾客尖叫的产品，但这种思维模式在互联网时代被彻底颠覆了，互联网时代更加强调快速推出产品，并通过与顾客的双向互动与评价，第一时间获悉产品待改善的地方，并快速迭代。小米的MIUI系统就是一个典型的例子，MIUI系统有三个更新和迭代频率：一天一更新，面对小米的几千个铁粉级粉丝，这些人愿意接受更新带来的系统操作可能的不稳定性；一周一更新，面对几百万用户，在更大范围内获取更多有价值的迭代建议；一月一更新，基本上属于成熟的产品，面向所有的用户开放。钉钉也是一个典型的例子，钉钉在上线前期确定每三天迭代一次，在这3天内全面接收用户反馈，以便在下次迭代时加以改善。

大家想一想，从精雕细琢到快速迭代，对企业的研发组织又提出了全新的挑战和要求，这就需要企业对研发组织体系进行优化与升级。

当然，组织管理除了前面提到的这些挑战外，还会面临从规模化生产到柔性化制造；从效率到效益；全员经营理念；强前台、大中台、小后台；小公司、大优势；开放胜于封闭；信任胜于控制等挑战。总之，企业组织再造已经成为每一家企业需要慎重思考的共识。

（二）组织再造最佳实践

面对组织再造所遇到的挑战，成功的企业早已经为我们提供了最佳实践，如华为的动态矩阵组织、阿里的政委体系、小米的扁平化组织、万科组织能力建设、海尔的"倒三角"组织、腾讯的"人力资源三支柱"模式等，都是值得我们去研究和学习的。

1. 华为组织再造实践

说起华为的成功，我想每个人都会如数家珍地列举出很多，《华为基本法》《华为的冬天》、IPD 集成研发、ISC 集成供应链、IFS 集成财经服务、LTC 从线索到现金、5G 技术……可以这么说，我们每个人都能给华为贴上很多标签，本书仅从华为组织管理实践的角度对华为的成功进行阐述。

（1）华为组织的演变历程。从成立之初到今天，伴随着企业经营规模及产品线的扩张，以及经营环境、发展战略的变化与调整，华为在组织管理方面的研究和实践始终进行着。查阅华为过去组织发展的相关文献我们将华为组织演变过程大致分为四个阶段：直线职能式组织模式、二维矩阵组织模式、产品主导型矩阵式组织模式、动态矩阵式组织模式。

①直线职能式组织模式（1987～1995 年）。以做代理出身的华为早期的组织结构并没有特别之处，到 1991 年总共也就 20 多人，这时候的组织结构是典型的直线式组织模式，所有员工都直接向任正非汇报。到 1992 年，公司销售规模突破亿元大关，员工人数也达到 200 人的规模，再到 1995 年，华为销售额超过15 亿元，员工数量超过 800 人，这时候公司的组织结构就从直线式演变为职能式组织模式。由于当时华为采取单一产品研发和生产战略，销售采取农村包围城市的策略，所以组织并不复杂，但为了确保组织的高效，权力还是比较集中的。

②二维矩阵组织模式（1996～2003 年）。从 1995 年开始，华为逐渐从单一产品向移动通信、传输等多品类产品延伸，同时在 1996 年开始进军国际市场，

为了满足横向一体化产品战略及"农村包围城市"国际化战略（即选择从发展中国家开始，以低成本战略，逐步将产品打入发达国家市场），基于产品和市场的二维矩阵式组织模式应运而生。

1998年定稿的《华为基本法》，就二维矩阵组织结构提出了明确的要求：公司的基本组织结构将是一种二维结构：按战略性事业划分的事业部和按地区划分的地区公司。事业部在公司规定的经营范围内承担开发、生产、销售和用户服务的职责；地区公司在公司规定的区域市场内有效利用公司的资源开展经营。事业部和地区公司均为利润中心，承担实际利润责任。

③产品线主导的矩阵式组织模式（2004～2012年）。从2004年开始到2012年，华为的员工人数从3万人增加到了近14万人，销售额也在2021年顺利跨过2000亿元，正式成为行业霸主。

在这个阶段，华为在产品开发战略上采取纵向一体化、多元化和国际化并举的战略，在市场端采取与合作伙伴共赢的战略，公司也由全面通信解决方案电信设备提供商向提供端到端通信解决方案和客户、市场驱动型电信设备服务商转型。在这个转型的过程中，华为的组织结构也由事业部与地区部相结合的二维矩阵组织模式转变为以产品线主导的矩阵式组织模式。

④动态矩阵式组织模式（2013年至现在）。从2013年开始，经过多年的实践与总结，华为的组织逐渐过渡为以客户、产品和区域三个维度为核心的动态矩阵式组织模式，这种组织模式最大的优点就是组织可以随着公司战略调整而及时调整。当企业遭遇外部环境挑战时，这种组织就会做出相应的收缩并叠加，进行岗位精简，编制压缩；当外部经营环境向好需要扩张时，这个组织又会自动打开，并进行岗位及人员扩张。

图2-2是华为现行组织结构。

（2）华为组织再造实践的启发。正如前文所言，华为的成功绝对不是一个点上的成功，不过我们可以通过华为组织演变历程管中窥豹，发现华为组织成功的关键，具体如下：

①明确组织管理原则。《华为基本法》规定：华为组织的建立和健全，必须做到"五个有利于"，即有利于强化责任，确保公司目标和战略的实现；有利于简化流程，快速响应顾客的需求和市场的变化；有利于提高协作的效率，降低管理成本；有利于信息的交流，促进创新和优秀人才的脱颖而出；有利于培养未来

的领袖人才，使公司可持续成长。

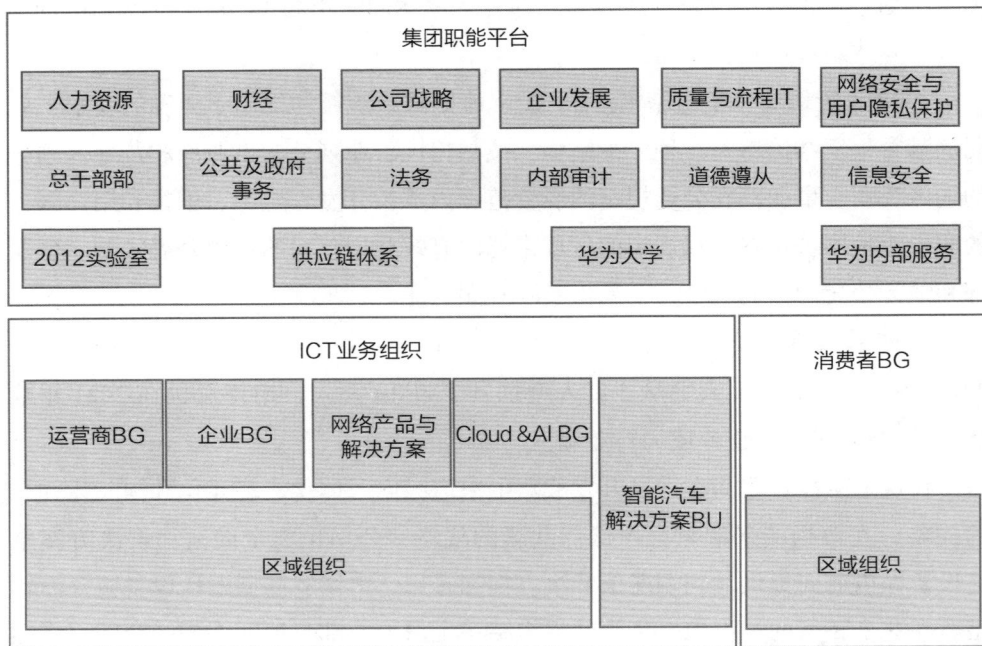

集团职能平台					
人力资源	财经	公司战略	企业发展	质量与流程IT	网络安全与用户隐私保护
总干部部	公共及政府事务	法务	内部审计	道德遵从	信息安全
2012实验室	供应链体系		华为大学		华为内部服务

ICT业务组织					消费者BG
运营商BG	企业BG	网络产品与解决方案	Cloud &AI BG	智能汽车解决方案BU	
区域组织					区域组织

图2-2　华为现行组织结构

②组织随公司发展阶段和战略进行调整。没有最好的组织模式，只有更适合企业自身实际的组织模式，华为深谙此中道理。从早期的直线式、职能式，再到后来的矩阵式，随着公司战略及发展阶段不同，华为能够及时对组织进行调整和优化。就矩阵结构的演进，《华为基本法》也有明确的规范：公司组织的矩阵结构，是一个不断适应战略和环境变化，从原有的平衡到不平衡，再到新的平衡的动态演进过程。不打破原有的平衡，就不能抓住机会，快速发展；不建立新的平衡，就会给公司组织运作造成长期的不确定性，削弱责任建立的基础。为了在矩阵结构下维护统一指挥原则和责权对等原则，减少组织上的不确定性和提高组织的效率，我们必须在以下几方面加强管理的力度：建立有效的高层管理组织；实行充分授权，加强监督；加强计划的统一性和权威性；完善考核体系；培育团队精神。

③责任清晰。《华为基本法》规定：具有战略意义的关键业务和新事业生长点，应当在组织上有一个明确的负责单位，这些部门是公司组织的基本构成要素。

④确保组织相对稳定性。《华为基本法》规定：组织结构的演变不应当是一种自发的过程，其发展具有阶段性。组织结构在一定时期内的相对稳定，是稳定

政策、稳定干部队伍和提高管理水平的条件，是提高效率和效果的保证。

2. 腾讯组织再造实践

腾讯作为中国最成功的互联网企业之一，从创业初期的 OICQ 开始，到 QQ、QQ 群聊、QQ 秀、QQ 空间、手机 QQ、Q 币、腾讯网、腾讯游戏、企鹅影业、腾讯音乐、腾讯影业、腾讯公益、腾讯微博、开心农场、微众银行、微信、微信支付、微信游戏、微信红包、微信公众号、微信视频号、腾讯投资……腾讯每一次新产品的亮相都让人刮目相看。

知名财经作家吴晓波在《腾讯传》一书中将腾讯的成功概括为"马化腾的七种武器"：即产品极简主义、用户驱动战略、内部赛马机制、试错迭代策略、生态养成模式、资本整合能力、专注创业初心。

当然，腾讯的成功一方面是伴随着互联网大潮在中国的兴起，更重要的是腾讯人几乎抓住了每一次互联网变革的红利，这种红利在腾讯组织演变的过程可以看出一些端倪。

（1）腾讯组织的演变历程。早在 1998 年腾讯创立之初，马化腾和他的创业伙伴张志东就曾规划，到 2000 年的时候公司的雇员人数将达到 18 人，可以看得出来，当时腾讯的组织结构是非常简单的。

但在腾讯 2004 年依靠"移动梦网"的红利在港交所正式上市以后，为了摆脱对"移动梦网"的依赖，马化腾提出了"在线生活"的新战略主张，为此腾讯对内部组织进行了一次大的调整，清晰定义了无线增值业务、互联网增值业务、互动娱乐业务、企业发展业务和网络媒体业务五大业务部门。

2018 年，腾讯公司正式启动了腾讯历史上第三次重大组织架构调整，此次调整腾讯将在原有七大事业群的基础上，保留原有的企业发展事业群、互动娱乐事业群、技术工程事业群、微信事业群；新成立云与智慧产业事业群、平台与内容事业群。其中，云与智慧产业事业群将整合腾讯云、互联网＋、智慧零售、教育、医疗、安全和 LBS 等行业解决方案，而平台与内容事业群则将对原社交网络事业群、原移动互联网事业群、原网络媒体事业群中与社交平台、流量平台、数字内容、核心技术等高度关联且具有高融合性的板块进行拆分和重组。从外表上看，这只是腾讯内部一次常规的组织调整，但此次调整的背后是腾讯战略升级的需要，是腾讯由消费互联网向产业互联网升级的前瞻思考和主动进化。用腾讯董事会主席兼首席执行官马化腾的话讲：这是腾讯迈向下一个 20 年的新起点。

因为马化腾认为"互联网的下半场属于产业互联网"。

（2）腾讯组织再造实践的启发。与任何一家成功的企业一样，组织在腾讯发展的过程中始终扮演着极其重要的作用，我们将腾讯组织管理的实践总结为：

①组织是战略落地的基石。战略决定流程，流程决定组织。从早期的即时通讯，到消费互联网战略向产业互联网战略转型的过程中，腾讯始终明白组织的重要性，并及时对组织及时加以调整和优化。

②组织创新从未停止。互联网企业不同于传统制造型企业，正如腾讯内部员工所言：过去的昨天对我们而言毫无意义，我们只对未来感兴趣。腾讯的组织模式很少有成熟的经验可以参考，只有自己不断摸索和总结，最终找到一条适合自己的路。

腾讯的"三支柱"（图2-3）体系就是典型的例子，为了响应战略以及建立适合互联网企业自身的业务特性，腾讯在人力资源三支柱（HRBP：Human Resources Business Partner，即人力资源业务伙伴；COE：Center of Expertise，即人力资源专家中心；SSC：Shared Service Center，即人力资源共享交付中心）建设方面进行了大胆创新和尝试。在腾讯，HRBP强调HR要深入业务群，确保HR向上理解公司战略、横向精通公司各项业务，并在此基础上第一时间为各业务部门提供支持和解决方案；为了打造和强化COE，确保公司战略实现，通过各种人力资源工具和方法论给予政策性支持；另外建立人力资源共享平台SSC，实现"资源共享、团队共享、能力共享、信息共享"，确保建立高效的人力资源共享交付中心。

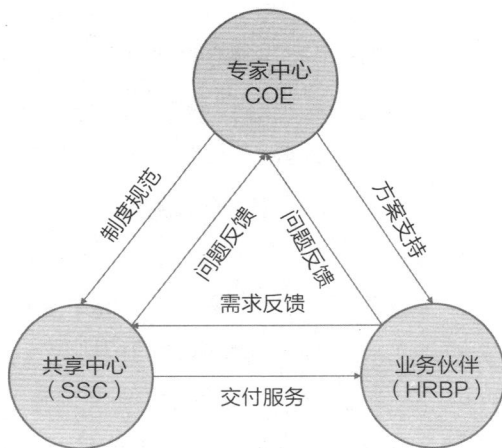

图2-3　腾讯人力资源"三支柱"

③六级四通道，全方位打通员工职业发展，为不同类别的员工创造职业发展通路。腾讯"六级四通道"的职位发展模式也是一种非常成功的实践、结合互联网行业的特征，腾讯将内部职位族分为技术族（T系列）、产品与项目族（P系列）、市场族（M系列）和专业族（S系列），每个职位族又分为六大级（分别为初做者、有经验者、骨干、专家、资深专家、权威）、3小等（分别为基础等、普通等、职业等）。

3. 小米组织再造实践

2010年3月3日成立的小米科技，仅仅用了8年的时间就于2018年7月9日正式登陆香港证券交易所，上市市值近3838亿港币，并在2020年入围《财富》500强排行榜，位列422位。

可以这么说，小米科技是一家伴随着中国互联网飞速发展而成长起来的高科技企业中的佼佼者。自公司成立之初，小米科技就按照互联网企业的特征构建自己的流程及组织模式，从而成为互联网时代的弄潮儿。

在公司文化中，小米主张：没有森严的等级，每一位员工都是平等的，每一位同事都是自己的伙伴；小米崇尚创新、快速的互联网文化，讨厌冗长的会议和流程，让每位员工在轻松的伙伴式工作氛围中发挥自己的创意；小米相信用户就是驱动力，并坚持"为发烧而生"的产品理念……在一系列在传统企业眼中看似非常"低端"的理念指引下，小米异军突起，茁壮成长。

通过对小米发展过程中组织演变的分析，我们不难发现有3个关键词始终伴随着小米：

（1）扁平化。从创业初期的"创始人—部门Leader—员工"这种三层级的组织模式到2016年随着企业规模及产品线扩张而实施的科层化管理，小米是将组织扁平化发挥到了极致，这种组织最大的优点就是效率高。

（2）业务伙伴。从小米的文化理念中就可以看得出来，小米始终倡导"伙伴文化"。这种文化不仅仅体现在企业内部部门之间、不同岗位之间，还从一开始就已经渗透到了终端消费群体，让消费者参与企业产品研发和测试就是一个典型的例子。

（3）生态化。雷军是一个典型做互联网产业的人，小米从产品设计、供应链整合、市场营销中开始新的战略布局：以小米手机为核心，向电视、阅读器、平板、机顶盒等硬件延伸，至今已经拥有包括手机、电视、激光电视、机顶盒、电脑、空气净化器、电水壶、扫地机器人、摄像机、手环、体重秤、电动牙刷、净水器、平衡车、路由器、耳机、音箱、电饭煲、台灯、智能晾衣架等在内的诸多智能硬件产品，并通过硬件整合图片、音乐、视频等互联网服务，以及电商、娱乐、游戏等互联网应用，打造小米科技生态圈。

当然，除了前面提到的华为、腾讯、小米之外，阿里巴巴历史上的六次组织变革（B及C事业群、淘宝一分为三、七事业群、二十五事业部、中台制、新零售）、海尔提出的"干掉中层"及"倒金字塔组织"、万科组织能力建设（财务融资能力、市场营销能力、客户管理能力、计划控制能力、流程管理能力、资源整合能力）等理论和实践经验都值得我们学习与借鉴。

三、组织再造新趋势

通过前面知名企业组织管理剖析并结合其他国际、国内知名企业组织管理最佳实践，我们将企业未来组织发展趋势归结为以下10个方向，如图2-4所示。

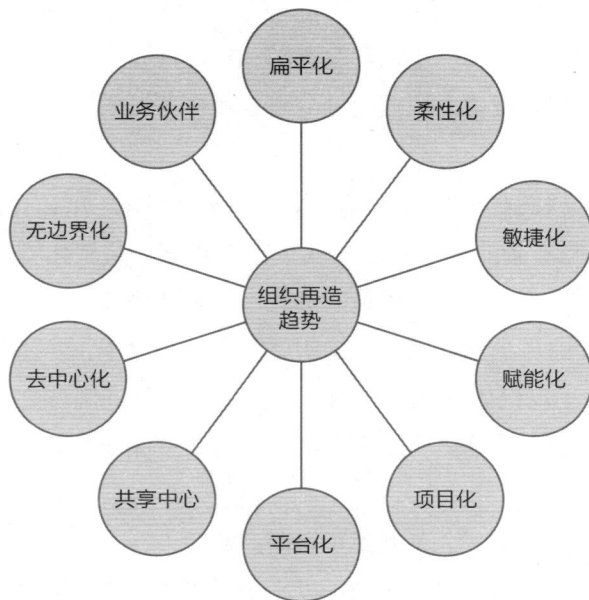

图2-4　组织再造新趋势

1. 扁平化

像小米"创始人—部门 Leader—员工"三层级组织模式、海尔"干掉中层"等方法和手段一样，现在越来越多的企业开始意识到并对组织层级进行压缩，扁平化已经成为现代企业组织发展的主潮流，特别在互联网企业、高科技企业，甚至金融企业都在进行着类似的组织改造。

2. 柔性化

除了扁平化的组织发展趋势外，我们也看到一个现实，那就是现在很多企业正逐步淡化以前以部门为单位的职能化管理，而逐渐加强以流程实现为导向的跨部门团队管理。为什么呢？我们不难发现，传统的职能管理强调的是部门目标的实现，久而久之就形成了以"我"为中心的思想，这种思想势必会导致部门之间缺乏沟通和交流，因为每个部门眼睛只盯着自己的事情，不去理会其他部门运作状况，正所谓"各扫自家门前雪，哪管他人瓦上霜"。但是企业又不得不面临另外一个问题，外界变化很快，而公司内部因为部门之间的不合作导致响应变化的速度很慢，要解决这个问题，还得需要部门之间加强协作和配合。因此，组织的柔性化趋势也就凸显出来了。

3. 敏捷化

大家熟悉的华为"组织铁三角"、阿里巴巴的政委体系都是敏捷组织的最佳实践。其中，华为"组织铁三角"即负责客户界面的 AR（Account Responsibility，客户经理）、负责产品和解决方案的 SR（Solution Responsibility，产品 / 服务解决方案经理）、负责交付的 FR（Full Responsibility，产品 / 服务交付管理和订单履行经理）。而在阿里巴巴的政委体系中，每一个层级设立业务负责人和政委两个角色，这两个角色之间形成监督与制衡、作用力与反作用力的关系，政委在用人、组织文化拥有一票否决权，对于业务负责人在业务发展方向、业务决策方面有明显制衡作用。另外，业务负责人会更多关注短期目标，而政委则更加关注长期目标、文化传承和干部培养。

其实早在 1991 年，美国里海大学发布的《21 世纪制造业企业战略》一文中就首次提出了"敏捷化"的概念，文中提道：企业的敏捷性是有效管理与应用知识的能力，而知识管理与响应能力是敏捷性的关键。

在本人的拙作《互联网时代业务流程再造》中提到，互联网商业与传统商业最大的不同，在于信息技术对传统工业技术形成极大冲击，主要体现在以下几个方面：传统企业倡导的 B2C 经营模式已经被 C2B、C2B2C 模式取代；传统的经营思维已经被互联网思维打破；消费群体从 50 后、60 后和 70 后正逐步向 80 后、90 后甚至 00 后这些互联网"土著"过渡；传统企业以空间和规模扩张为竞争主要手段的经营模式已经受到以时间竞争为主的互联网商业的挑战……以上种种，迫使传统企业必须对自身运营模式和组织体系进行调整、优化与再造。

4. 赋能化

传统企业组织再造的基本理念是管理和控制，如财务部、人力资源部、流程与 IT 部、企管部……我们已经习惯于将这些部门统称为职能部门或者职能管理部门，这些部门的负责人也自然而然地认为自己就是行使管理职责的。但现在越来越多的企业开始意识到如果过多地强调管理和控制会导致企业内部活力不足、组织僵化，由此大家开始转向把这些职能部门定位为后台或中台部门，这些部门需要承担更多协助业务部门提升自身能力的职责，因此，赋能化就成了现代企业组织发展的一种必然。

5. 项目化

随着流程中心型组织的兴起，企业发现过去传统的职能式组织模式弊端其实是可以通过项目化手段进行规避的。组织的项目化伴随着跨职能的流程出现的，因为流程可以轻而易举地击穿部门墙和职能壁垒，每个流程的主人可以通过流程绩效推动相关部门按照流程目标努力工作，进而提升流程效率，因此，PMO（项目管理组织）就应运而生了。

6. 平台化

近些年，组织平台化的相关字眼出现的频率越来越高，之前大家的认知是企业是老板的，员工只是被企业雇佣的一员。但随着互联网时代的到来，这一认知发生了翻天覆地的变化，平台化已不再是一个概念，更代表着一种先进的组织模式。组织的平台化转型就是链接双方或者多方主体，将客户、供应商、合作伙伴、员工及所有利益相关者链接在一起，形成一体化平台，并通过共享资源来赋能平台，最终创造单独一方无法企及的价值。

7. 共享中心

从共享单车开始，共享汽车、共享充电器、共享办公空间、共享书房、共享衣柜……似乎一夜之间我们进入了一个共享的时代。是的，除了交通工具、办公环境等的共享外，在企业内部人力资源共享服务中心、财务共享服务中心、行政后勤共享服务中心等组织共享也已成为一种共识，特别是在金融、互联网、服务、连锁、通信服务等行业建立共享中心已经成为企业规范内部管理、提升运营效率的一种有效组织模式。

8. 去中心化

去中心化是互联网发展过程中形成的一种新型网络形式。之前的互联网是由专业网站和专业人士作为中心负责内部创作和编辑，而现在的互联网则是由全体网民共同参与、共同创造的结果，任何人都可以在网络上表达自己的观点和原创内容。

去中心化真正进入企业内部组织管理领域其实时间并不长，去中心化的组织模式告诉我们企业要让每一位员工都变成中心，每一位员工都能够链接并影响其他员工，并在第一时间做出决策，而不是像传统企业那样每件事情都需要"中心"来决策。

9. 无边界化

所谓无边界组织，是指边界不由某种预先设定的结构所限定或定义的一种组织结构，组织的边界通常有横向、纵向和外部边界三种。其中，横向边界是由工作专门化和部门化形成的，纵向边界是由组织层级所产生的，外部边界是组织与其顾客、供应商等之间形成的"隔墙"。

组织的无边界化就是将各个职能部门之间的障碍全部消除，工程、生产、营销以及其他部门之间能够自由流通、完全透明；同时减少管理层级，消除等级森严的上下级关系；还要推倒"围墙"，让供应商和渠道商、用户成为企业组织的组成部分。

10. 业务伙伴

最早出现的业务伙伴是 HRBP，实际上就是由总部人力资源中心派驻到各个业务或事业部的人力资源管理者，主要协助各业务单元高层及经理在员工发展、人才发掘、能力培养等方面的工作。正如腾讯的人力资源"三支柱"体系，HRBP 在帮助业务部门进行团队管理、提升效率等方面起到了极大的作用。

现在的业务伙伴概念已经得到了极大的延伸，大家熟悉的财务业务伙伴、行政业务伙伴、IT 业务伙伴等都是类似的组织新模式。

第二部分

PART TWO

组织再造五步法

在当今时代，组织发展与组织经营的相关性应该比以往任何时候更加紧密。而现实是，多数时候，高管并不重视组织发展，甚至忽视组织发展。

——W.华纳·伯克、大卫·L.布拉德福特

任何一种组织都是以某种形式的权力为基础的。没有这种形式的权力，其组织的生存都是非常危险的，也就更谈不上实现组织的目标了。

——马克斯·韦伯

所谓学习型组织，是指通过培养弥漫于整个组织的学习氛围、充分发挥员工的创造性思维能力而建立起来的一种有机的、高度柔性的、扁平的、符合人性的、能持续发展的组织。

——彼得·圣吉

组织管理是任何企业都必须重视的一项核心工作，组织决定企业战略能否顺利实现，而且组织与企业的发展阶段、业务特性、管理水平……都有很大的关系。

——本书作者

第三章

业务蓝图与业务逻辑分析

一、价值链与业务蓝图

二、业务逻辑分析

一、价值链与业务蓝图

发展战略决定企业做什么？流程决定怎么做？组织决定谁来做？因此，组织再造的起点应该是企业的发展战略。

1. 企业价值链分析

在进行组织再造之前，我们首先要搞清楚企业究竟是干什么的。美国管理学教授迈克尔·波特提出了价值链分析模型，他将企业内部的所有相关活动分为两大类：基本活动（价值创造活动）与辅助活动（支持价值创造活动）。如图 3-1 所示：

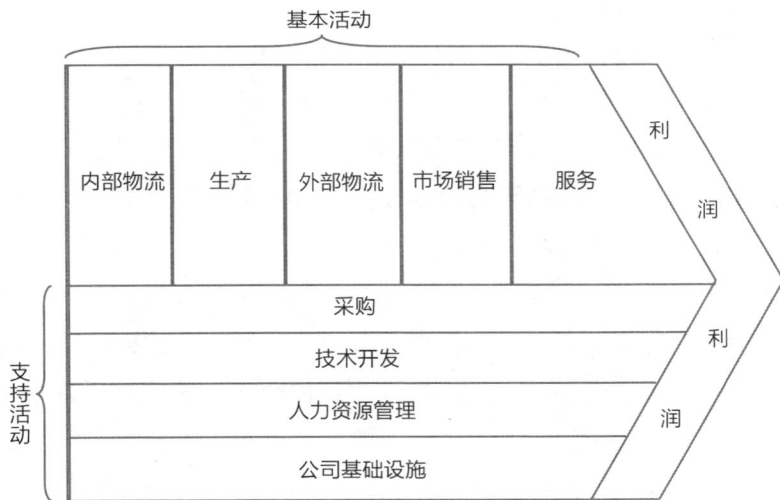

图3-1 迈克尔·波特价值链分析模型

迈克尔·波特认为，企业内外价值增加的活动可以分为基本活动和支持性活动。企业参与的价值活动中，并不是每个环节都创造价值，实际上只有某些特定的价值活动才真正创造价值，这些真正创造价值的经营活动，就是价值链上的"战略环节"。企业要保持的竞争优势，实际上就是在价值链某些特定战略环节上的优势。运用价值链的分析方法来确定核心竞争力，就是要求企业密切关注组织的资源状态，特别关注和培养在价值链的关键环节上获得重要的核心竞争力，以形成和巩固企业在行业内的竞争优势。

在迈克尔·波特价值链分析模型中，企业的基本活动包括：

（1）内部物流。与接收、存储和分配相关联的各种活动，如原材料搬运、仓储、库存控制、车辆调度和向供应商退货。

（2）生产。与将投入转化为最终产品形式相关的各种活动，如机械加工、包装、组装、设备维护、检测等。

（3）外部物流。与集中、存储和将产品发送给买方有关的各种活动，如产品库存管理、原材料搬运、送货车辆调度等。

（4）市场营销。与提供买方购买产品的方式和引导它们进行购买相关的各种活动，如广告、促销、销售队伍、渠道建设等。

（5）服务。与提供服务以增加或保持产品价值有关的各种活动，如安装、维修、培训、零部件供应等。

企业的支持活动包括：

（1）采购。是指购买用于企业价值链各种投入的活动，采购既包括企业生产原料的采购，也包括支持性活动相关的购买行为，如研发设备的购买、新技术购买、企业经营所需相关服务的采购以及经营所需相关信息的采购等。

（2）技术开发。每项价值活动都包含着技术成分，无论是技术诀窍、程序，还是在工艺设备中所体现出来的技术。

（3）人力资源管理。包括各种涉及所有类型人员的招聘、雇佣、培训、开发、激励、留用等各种活动。人力资源管理不仅对基本和支持性活动起到辅助作用，而且支撑着整个价值链，因为企业内部的所有事情归根结底都需要人去完成。

（4）公司基础设施。企业基础设施支撑了企业的价值链条，诸如企业发展战略及年度经营计划为企业价值创造确定了方向，企业规范化管理为企业价值创造提供了方法和手段，企业信息系统为企业价值创造提供全程记录及监控等。

【案例 3-1】浙江兴华科技有限公司价值链分析模型（图 3-2）

浙江兴华科技有限公司是一家专门从事传动设备研发、生产、销售、服务于一体的高科技企业，以下是我们帮助该企业规划的价值链分析模型。

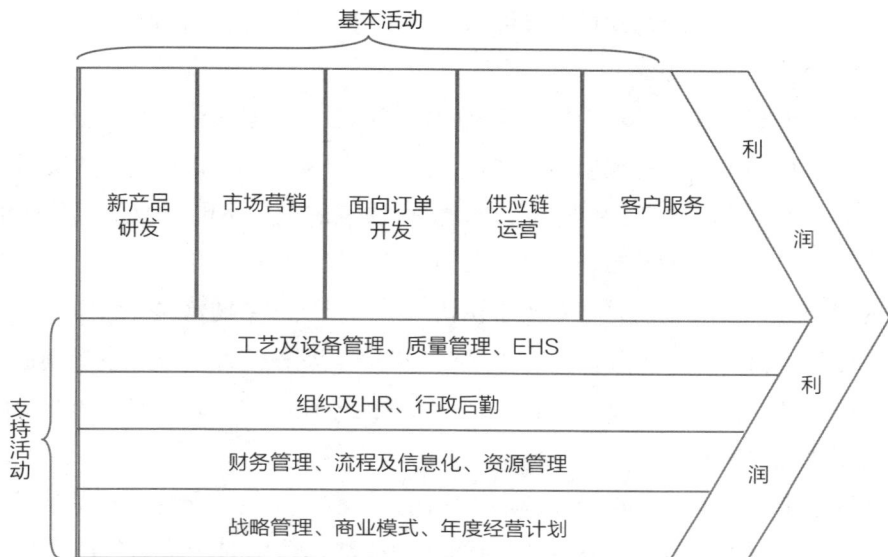

图3-2　浙江兴华科技有限公司价值链分析模型

2. 业务蓝图规划

价值链分析完成之后，企业还需要结合价值链包含的基本活动、支持活动系统规划业务蓝图。业务蓝图一方面可以帮助企业全视野看清现有业务布局现状，另一面还可以帮助企业进行有效的业务逻辑分析，找出现有业务中存在的问题，以便识别哪些业务活动对客户价值主张满足是有利的、哪些业务活动是没有价值的。

业务蓝图通常由四部分构成：

（1）企业发展战略及经营计划。这部分内容是为企业指明发展方向，优化商业模式，明确经营目标，并建立完善的目标实现计划体系。

（2）企业运营衡量。这部分内容从三个维度进行企业运营状况衡量，即运营健康度指标、运营过程指标及运营结果指标。不同企业的运营衡量指标会存在差异，但健康度指标、过程指标和结果指标这三个大类都是雷同的。其中，运营健康度指标衡量企业是否具有长期、稳健经营的能力，如员工满意度、客户满意度、管理成熟度、人均产值、人均利润、投资回报周期等；运营过程指标用来衡量企业经营过程的状况，是确保企业经营结果指标顺利达成的基础，如订单交付周期、生产计划达成率、产品不良率、存货周转次数、库存周期、回款及时率等；运营结果指标是阶段性经营成果的体现，是企业全体员工共同努力的结果，也是用来衡量结果是否达到投资方诉求，如总资产回报率、利润、收入、股东价值、企业市值等。

（3）企业核心业务。与价值链模型中的基本活动类似，业务蓝图中的这部分内容需要详细列出企业从挖掘客户需求，到产品研发、获取订单、订单交付、客户服务等价值创造全过程的业务活动。值得注意的是，不同企业价值创造的逻辑是不同的，有些企业是市场营销—面向订单研发—面向订单生产制造—仓储物流—客户服务，有些企业是客户需求调研—产品研发—市场营销—面向订单生产制造—仓储物流—客户服务，还有些企业是需求调研—产品研发—生产制造—市场营销—仓储物流—客户服务，总之，在绘制业务蓝图的时候一定要企业价值创造的逻辑表达出来。

（4）企业支持业务。与价值链模型中的支持活动类似，支持业务需要规划和识别与企业价值创造不可或缺的辅助和支持活动，常见的支持业务包括品质管控、设备管理、工厂管理、财务管理、组织及人力资源、行政后勤、流程与信息化、资源管理等。

【案例 3-2】浙江兴华科技有限公司业务蓝图规划（图 3-3）

为了让读者朋友对业务蓝图有更深一步的理解，我们将【案例 3-1】中浙江兴华科技有限公司价值链分析模型展开，形成该企业的业务蓝图。

战略及年度经营计划
- 年度经营预算
- 发展战略规划
- 商业模式
- 年度经营计划
- 年度销售计划 / 年度品牌及市场推广计划 / 年度研发计划 / 年度供应链计划 / 年度投资及融资计划 / 年度流程及IT建设计划 / 年度人力资源计划

运营衡量
- 运营结果指标：利润、销售收入
- 运营健康指标：人均产值、客户满意度、员工满意度
- 运营过程指标：质量损失、回款率、存货周转率、产品合格率、毛利率、订单准时交付率

新产品开发
- 生命周期管理
- 新品开发及验证
- 产品定义
- 产品线规划

市场营销
- 需求管理：产品市场调研
- 客户开发与管理：市场调研、市场策略、市场推广、品牌推广
- 销售政策管理
- 绩效管理
- 回款管理

面向订单开发
- 订单需求确认
- 面向订单的产品定义
- 产品开发
- 开发验证

供应链管理
- 订单管理
- 计划管理
- 物料采购
- 仓储管理
- 外协加工
- 生产制造
- 物流管理

客户服务
- 售前技术支持
- 售后技术支持
- 客户满意度调查
- 客户投诉处理
- 客户索赔处理
- 技术服务
- 客户满意度管理

质量管理
- 外协品质
- 成品品质
- 原料品质
- 开发品质
- 体系管理

组织及HR
- 人事务
- 企业文化
- 薪酬与激励
- 人才评价
- 招聘管理
- 员工培训与发展
- 组织管理

行政后勤
- 项目申报管理
- 公文管理
- 证照及公章管理
- 档案及保密管理
- 合同管理
- 法务管理
- 知识产权管理
- 基建管理
- 后勤及物业管理

工艺及设备管理
- 精益管理
- 工装夹具管理
- 设备管理
- 工艺管理
- 流程管理

流程及信息化
- 商业智能
- 信息系统集成
- 流程实施
- 信息化规划
- 信息系统实施
- IT软硬件服务

EHS
- 职业健康管理
- 安全管理
- 环保管理

财务管理
- 税务管理
- 财务分析
- 资产管理
- 资金管理
- 会计核算
- 费用管理
- 成本管理
- 预算管理
- 投资管理
- 融资管理
- 风险及合规管理

资源管理
- 公共资源管理
- 智力资源管理
- 工厂资源管理
- 研发资源管理
- 市场及客户资源管理
- 供应商资源管理

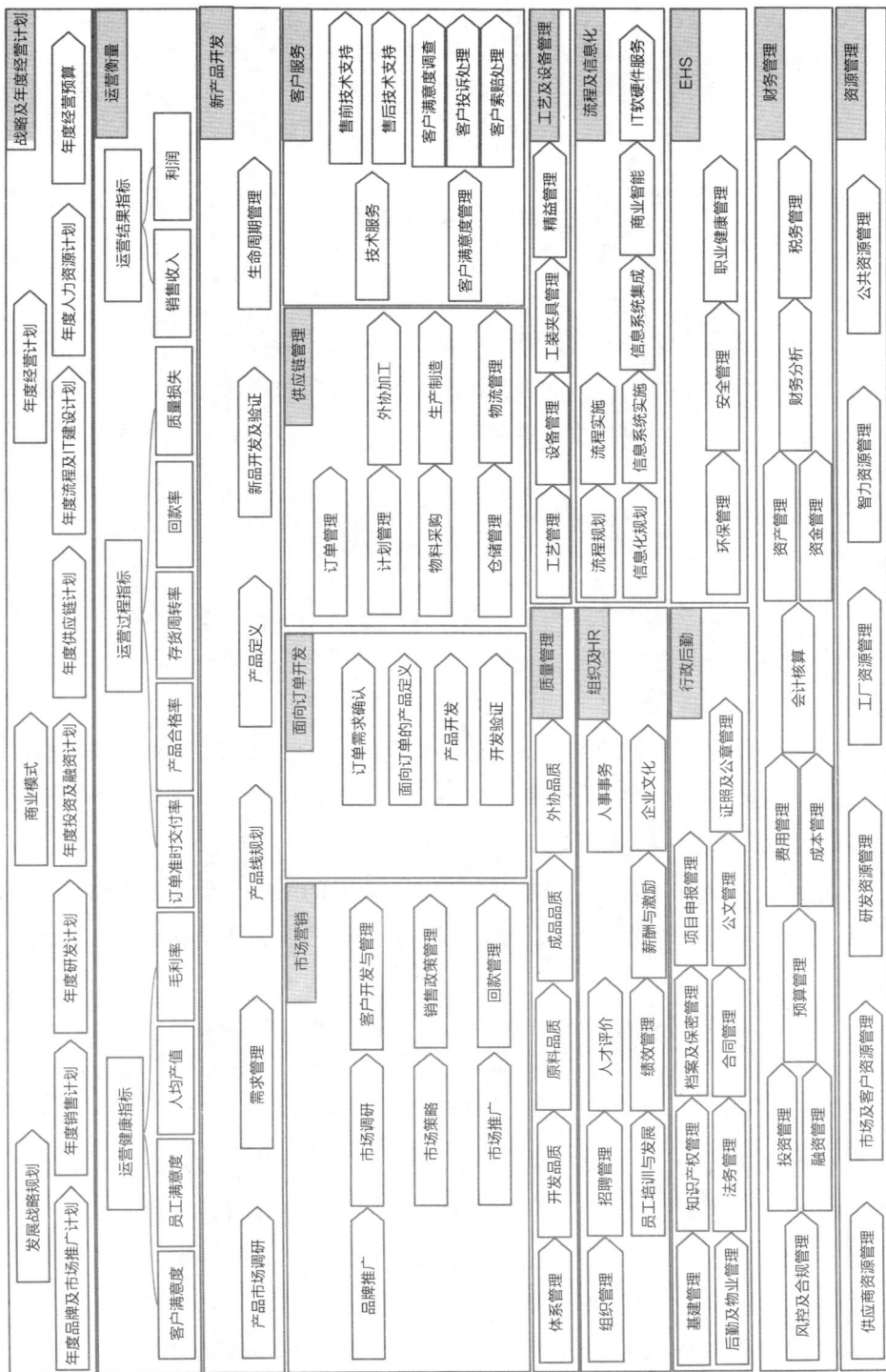

图3-3 浙江兴华科技有限公司业务蓝图规划

如图 3-3 所示，业务蓝图比价值链模型更加细化，我们可以更加清晰地理解该企业的核心业务及支持业务。

二、业务逻辑分析

业务逻辑分析是在对企业价值链和业务蓝图分析的基础上，针对企业价值链和业务蓝图中所涉及的每一项活动进行细化分析，分析每项活动对企业的价值贡献，以便帮助企业识别增值与非增值业务单元，为企业重新规划业务体系和规划核心职能提供依据。

核心业务逻辑分析主要包括三个环节，即识别核心业务、业务活动分析、业务逻辑分析与优化。

（1）识别核心业务。在企业中，每天都在同时运作很多业务，有些业务是增值的，也有很多业务是非增值的，企业核心业务逻辑分析的第一步便是对现有业务进行全面盘点和梳理。

（2）业务活动分析。结合每项业务活动的绩效表现，利用访谈、问卷调查、现场观察等手段对每项活动进行分析，明确关键活动及增值活动，并识别需要加强、削弱、增加或删除的业务活动。

（3）业务逻辑分析与优化。根据对现有核心业务的系统分析，企业还需要对这些核心业务活动的逻辑关系进行分析，以便确定这些业务活动存在的必要性及先后顺序。

在这里，很多读者朋友经常会问这样一个问题，那就是一家企业的核心业务活动究竟是多好，还是少好。这也是我们在帮助企业进行组织再造、流程优化过程中经常遇到的问题。

很多管理者会认为，为了把工作做得更加细致，需要在管理和业务环节上增加很多的控制点。然而这样一来，工作会越来越复杂，工作量也会越来越大，一个部门会裂变出若干个岗位，甚至会分解成若干个部门，企业的组织会越来越庞大，流程也会越来越长，相应地，企业的运作效率也就会越来越低。

需要说明的是：企业内部的管理和业务工作并不是越多越好，而是要根据业务的需要恰到好处地设计,这才是最理想的状态。

特别是互联网时代,企业在做核心业务逻辑分析和布局的时候,通常会做减法:固定资产投入做减法,让尽可能多的钱流动起来;产品做减法,专心打造让客户尖叫的产品;渠道做减法,建设扁平化的渠道模式;工厂做减法,调整大规模生产为柔性化生产;管理层级做减法,干掉多余的中层;管理做减法,让高效成为企业运营的主旋律……总之,做减法需要企业简化内部流程,简化管理层级,简化组织结构,从而提升效率,以客户需求为导向,最大化满足客户核心价值主张。

经过核心业务逻辑分析和筛选之后,核心增值业务也就自然而然成为企业组织核心职能,只不过这些职能还需要分解到相应部门、相应岗位。

【案例3-3】浙江兴华科技有限公司财务管理、人力资源业务逻辑关系图(图3-4、图3-5)

財務管理業務邏輯關係

1. 財經規劃

年度經營計劃 → 開始 ← 國家財經法規

年度經營預算
- 產品銷售收入預算 / 產品成本預算
- 銷售費用預算 / 管理費用預算
- 財務費用預算 / 財務報表預算

季/月度預算控制及分析

年度資金計劃

月度資金計劃（日常運營）
- 銷售回款計劃 / 採購付款計劃

融資需求 / 投資計劃

年度稅務籌劃

年度審計計劃

2. 核算管理

會計核算
- 收入核算 / 成本核算
- 費用核算 / 資產核算
- 往來核算 / 稅費核算及繳交

資金往來管理
- 收款管理 / 付款管理
- 資金調撥

融資計劃 / 投資評估 / 審計實施

審計問題改進督導落實

3. 資產、資金管理

資產管理
- 存貨（含呆滯）/ 固定資產
- 低值易耗品 / 無形資產

資金存量管理和分析
- 資金日/周/月報 / 銀行賬戶管理
- 資金盤點

融資實施 / 投資實施

貸後管理 / 投後管理

資金使用分析

4. 財務報表

財務報表
- 利潤表 / 資產負債表
- 現金流量表 / 所有者權益變動表

財務分析

經營措施和建議

經營改進措施督導

5. 財務管理

財務管理體系規劃 → 財務管理體系建設 → 財務體系管理實施改進 → 結束

財務管理體系建設
- 財務管理制度 / 財務權限
- 財務檔案管理 / 財務信息化

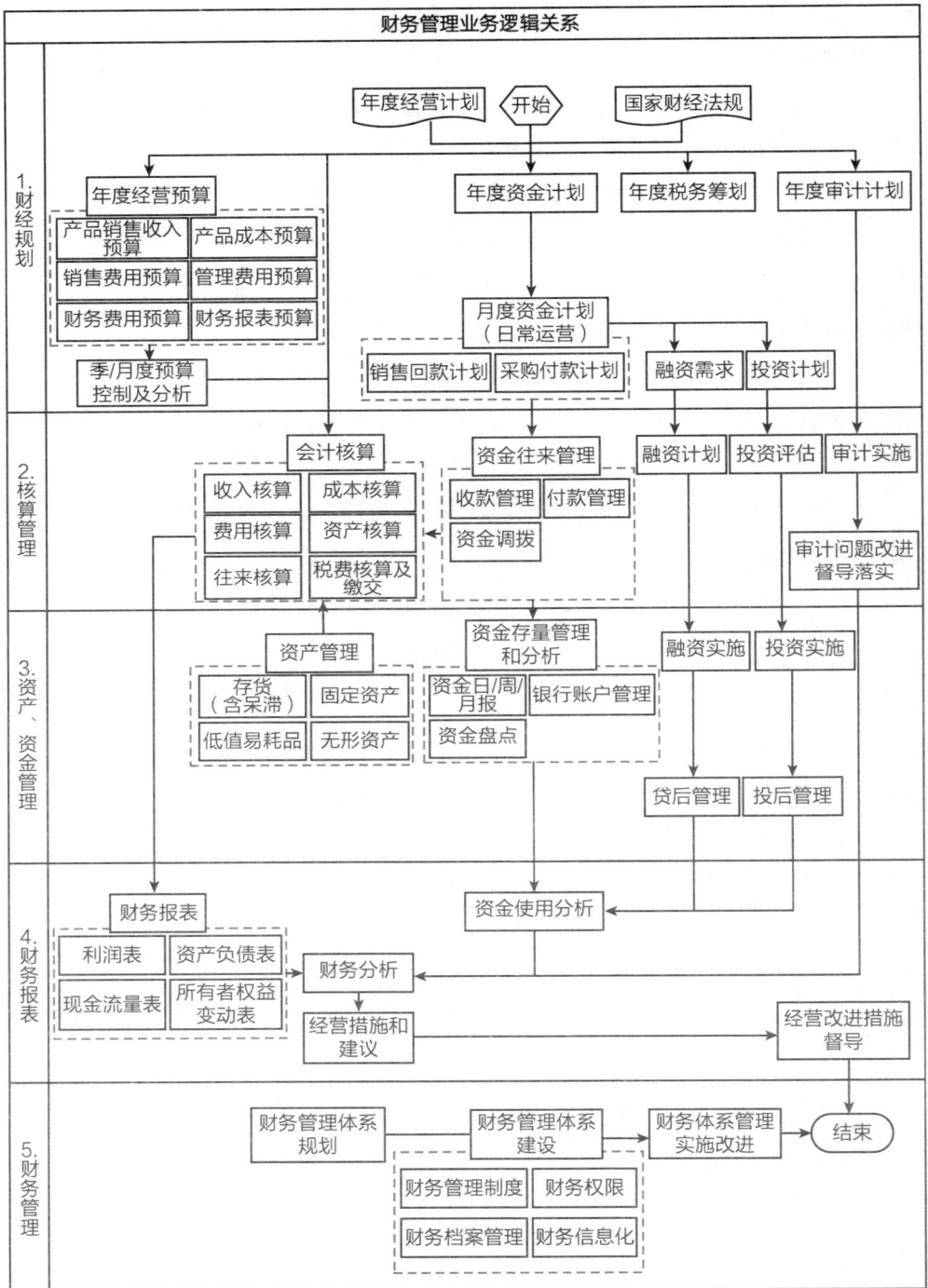

图3-4　浙江兴华科技有限公司财务管理业务逻辑关系图

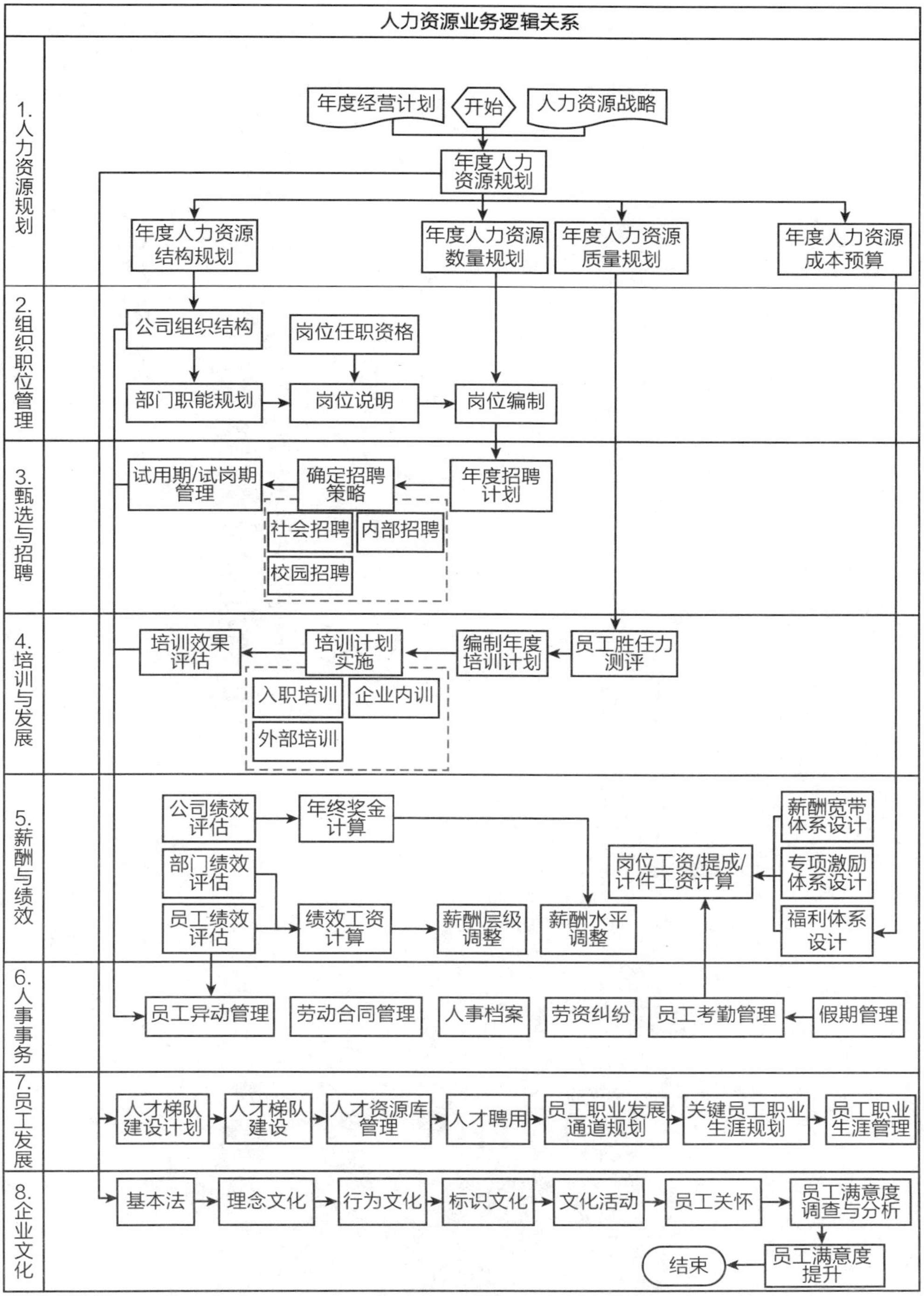

图3-5 浙江兴华科技有限公司人力资源业务逻辑关系图

第四章

组织模式选择与组织结构设计

一、组织管理原则

二、组织模式选择

三、企业治理结构规划

四、集团管控模式选择

五、管理层级与管理幅度设计

六、职位族及管理层级关系规划

七、组织结构设计

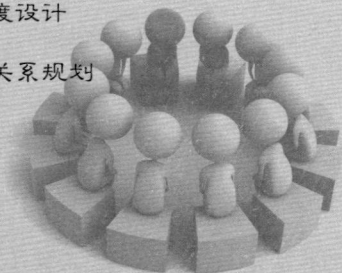

一、组织管理原则

不依规矩，不成方圆。做任何事情之前都需要确定原则，企业在进行组织再造之前也不例外，也应该先明确企业的组织管理原则。正如林德尔·厄威克所言：企业必须明确自己的组织原则。如组织扁平化原则、责权对等原则、充分授权原则、专业分工原则、客户满意原则、高效协同原则等。虽然在前文中我们提到了组织再造的十大原则，这十大原则具有普遍适用性，每家企业需要根据自己的实际情况确定符合自身的组织管理原则才是最有效的。

企业在确定自身管理原则的时候通常需要结合企业发展阶段、行业属性、战略选择、商业模式、经营模式、组织规模、产品特征、企业管理水平、员工综合素质、信息化水平等因素，如图 4-1 所示。

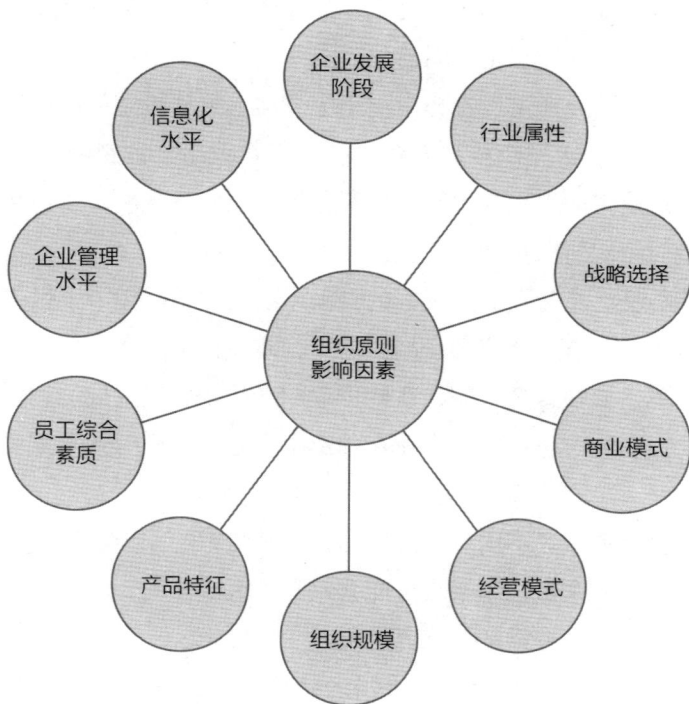

图4-1　组织管理原则影响因素

（1）企业发展阶段。企业从初创、成长、成熟到衰退会经历不同的生命周期阶段，不同发展阶段对组织的要求也不同。比如说，初创型企业一般会追求组织的灵活性，而成长阶段的企业更加强调组织的规范性，成熟阶段企业组织管理则更加强调组织效率与组织瘦身的问题。

（2）行业属性。有些企业是在单一行业细分领域精耕细作，有些企业选择同一行业全面开花，还有些企业会选择跨行业经营。行业跨度越大对组织再造的要求就越高，企业的组织也就会越复杂。

（3）战略选择。美国弗雷德·R．戴维教授在《战略管理》（第10版）一书中将企业战略分为四类，分别为一体化战略、加强型战略、多元化战略、防御型战略；迈克尔·波特在《竞争战略》一书中将企业战略分为成本领先战略、差异化战略、专一经营战略，不同战略选择需要有相应的组织模式与之配套。

（4）商业模式。常见的商业模式有"产—供—销—研""产—供—销""销—产""研—销""销""产""研"等，不同商业模式对组织的要求完全不同。

（5）经营模式。常见的经营模式有市场主导型、技术主导型、生产管理型、横向分工型、分散经营型、集中经营型、混合经营型、分层管理型八大类，不同经营模式对企业组织的影响是不同的。

（6）组织规模。企业可以选择像富士康一样单独从事生产制造但员工人数达数十万；企业也可以选择像碧桂园一样在地产行业全产业链布局，但大部分业务采用外包。这里讲的组织规模既包括营业规模、业务规模，也包括员工队伍规模，不同规模对组织要求截然不同。

（7）产品特征。企业在产品规划的时候可以选择单品类做大做强，也可以选择多品类同时经营；有些企业的产品周期短，需要快速迭代，而有些企业的产品则是长周期，不需要快速迭代的；有些企业的产品是高度集成的，而有些企业的产品是给别人配套的……总之，企业在确定组织管理原则时候也需要一并思考产品特征。

（8）员工综合素质。不同员工素质的企业其组织的差异会很大，即便是同一个岗位不同素质的人来做，结果也可能会差异很大。因此，企业在确定组织管理原则的时候还需要同步考量员工综合素质。

（9）企业管理水平。企业管理水平的高低在很大程度上也会影响到组织设置，管理水平越高其组织就会越高效。

（10）信息化水平。内部的信息化水平其实对于企业的组织再造也会有很大的影响，信息化水平越高说明企业内部流程的规范性越高，组织对人的依赖度就会越低，组织也就越简单。

【案例 4-1】浙江兴华科技有限公司组织管理原则

接【案例 3-3】，以下是我们在帮助浙江兴华科技有限公司确定的组织管理原则：

（1）组织扁平化原则。强调组织运营效率，压缩管理层级，制造部门内部管理层级原则上不超过 3 级；非制造部门内部管理层级原则上不超过 2 级。

（2）适当加大管理幅度原则。适当加大管理岗位管理幅度，原则上经理管理幅度不小于 8 人，职能部门主管管理幅度不小于 15 人；制造车间大于 100 人方可设主任。

（3）横向到边、纵向到底原则。公司每项业务都需要由相应部门承担，同时部门内部每项职能都必须明确责任岗位，分工不留死角。

（4）流程精简原则。流程设计坚持"能短不长"的原则，尽量做到业务流"精简化"（横向）、审批流"扁平化"（纵向）。

（5）岗位精简原则。岗位设置和岗位职能设计坚持"能合不分"（一岗多角色，一人多技能），少设岗位。

（6）编制压缩原则。坚持不养闲人、不养懒人，每个岗位工作饱和度达到 80% 以上方可单独设编。

（7）能岗匹配原则。杜绝低能高岗的用人习惯，员工必须达到岗位任职资格要求方可任命。

（8）多通路发展原则。打通职位发展通路瓶颈，设置管理线、技术线、营销线、专业事务线、生产制造线、辅助线等多通路发展机制。

（9）充分授权原则。"让听得到炮声的人能够呼唤到炮火"，让业务线承担更多的责任、拥有更多的权力和分配更多的利益。

二、组织模式选择

可供企业选择的组织模式有很多种，包括直线式、职能式、矩阵式、事业部式、集团式、混合式等。不同的组织模式有其自身的优势，同时也有很多先天性不足，其适用范围也不尽相同，所以企业在进行组织模式选择的时候，要根据发展阶段、企业规模、发展战略、管控模式等因素综合考虑，选择适合企业自身的组织模式。

如图4-2～图4-7所示，不同的组织模式其组织特征、优点、缺点各不相同，企业需要结合自身的实际情况选择适合自己的组织模式。表4-1是不同组织模式对比。

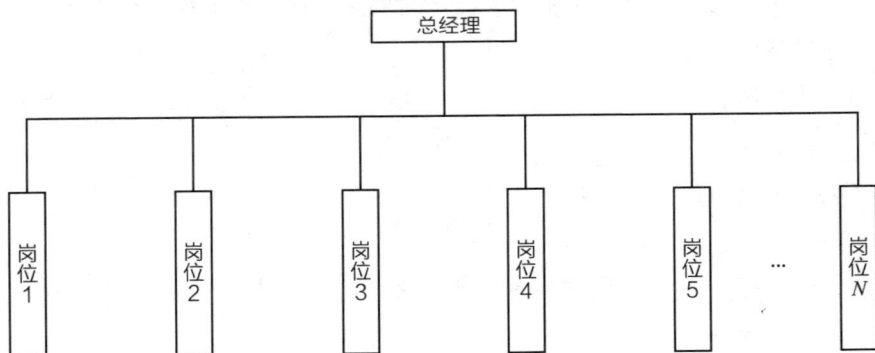

图4-2　直线式组织模式

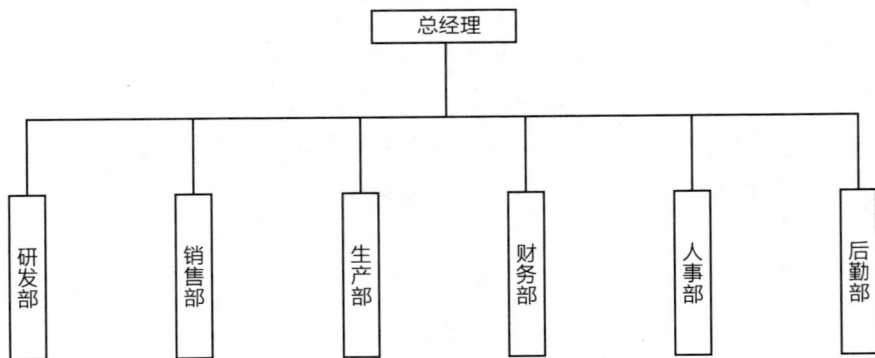

图4-3　职能式组织模式

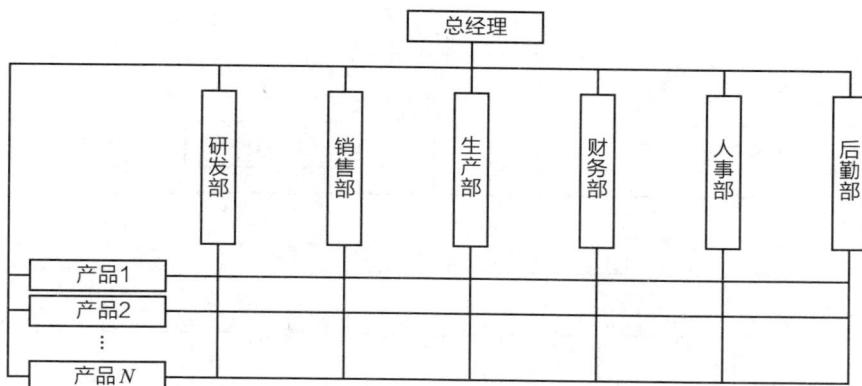

图4-4 矩阵式组织模式

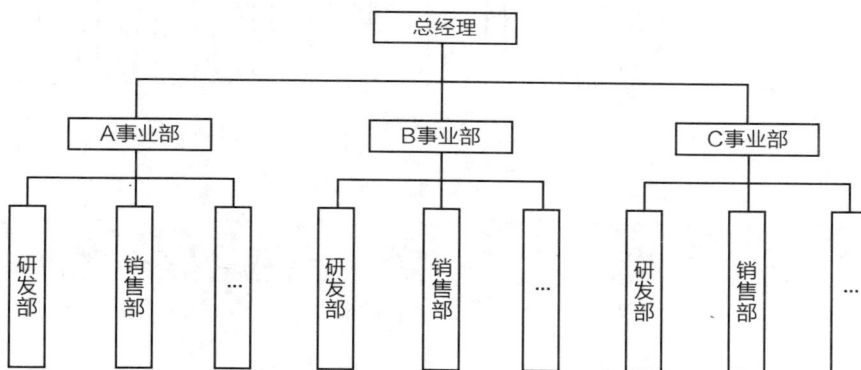

图4-5 事业部制组织模式

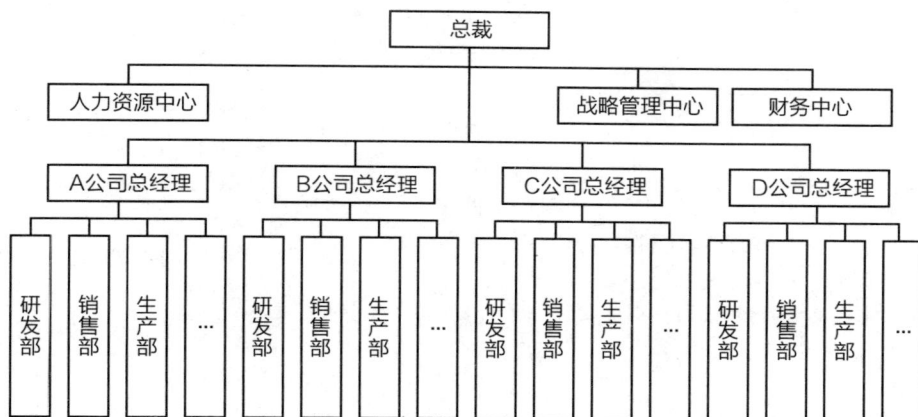

图4-6 集团式组织模式

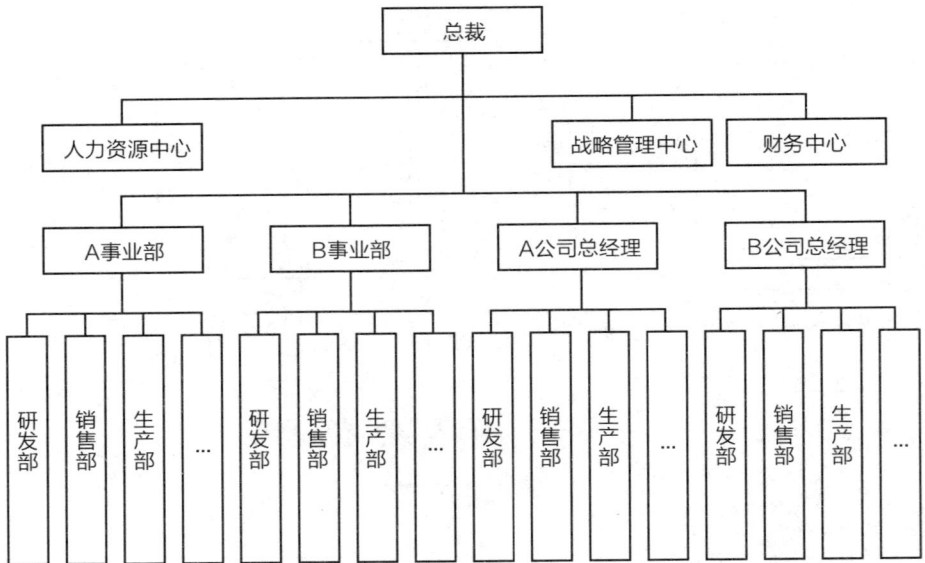

图4-7 混合式组织模式

表4-1 不同组织模式对比

组织模式	组织特征	优点	缺点
直线式组织模式	只限于从事自身擅长的小型的活动，其余外包	（1）结构精悍 （2）可以驱动公司快速发展 （3）反应灵活迅速 （4）专注于核心技能 （5）投入成本低	（1）缺乏规范性 （2）组织稳定性不高
职能式组织模式	在外界环境稳定，技术相对稳定，而又不需要太多跨职能部门协调的企业	（1）鼓励部门内规模发展 （2）促进深层次技能提高 （3）促进实现职能部门目标 （4）在小到中型企业规模下最优 （5）在一种或少数几种产品时最优	（1）对外界环境变化反应较慢 （2）可能引起高层决策堆积 （3）导致部门间缺少横向协调 （4）导致缺乏创新 （5）对组织目标的认识有限 （6）难以培养复合型的人才

续表

组织模式	组织特征	优点	缺点
矩阵式组织模式	当外界环境具有高度的不确定性、技术具有多变性，而职能部门间存在着较高的相互依存性时，这种结构对中型规模、有多重产品线的企业是最有效的	（1）获得适应环境所必需的协作 （2）产品间实现人力资源的共享 （3）适合在不确定的环境下进行复杂的决策和经常性的变革 （4）为职能和生产技能的改进提供了机会 （5）在拥有多种产品的中型企业效果最佳	（1）需要良好的人际关系和全面的培训 （2）耗费时间包括经常的会议和冲突的解决 （3）来自环境的双重压力以维持权力平衡 （4）对管理者的要求高
事业部制组织模式	当市场环境高度不确定、技术进步快，而职能部门间又需要较高的协调性时，这种结构是最有效的	（1）适应不确定环境下的快速变化 （2）清晰的产品责任和联系环节实现客户需求 （3）适应不同的产品、地区和客户 （4）跨职能的高度协调 （5）在产品较多的大中型公司效果最好 （6）决策分权	（1）失去职能部门内部的规模发展 （2）导致产品线之间缺乏协调 （3）失去深度竞争和技术专业化 （4）产品线间的整合与标准化变得困难
集团式组织模式	（1）在大规模的企业比较适用 （2）适用于复杂产业和产品组合 （3）适应不稳定的外部环境	（1）可实现多个领域的高度集权和高度分权 （2）促进基于经营和管理的双向发展	（1）高管理成本 （2）集权和控制会牺牲效率 （3）集权和分权不清会带来职能冲突
混合式组织模式	业务比较复杂、多元化发展的集团企业比较适用	（1）满足不同业务管理需求 （2）针对不同业务采取不同的管控模式	（1）组织管理比较复杂 （2）由于组织模式多样化，对管理层的素质要求比较高

三、企业治理结构规划

为了保证公司经营的稳健性，降低企业经营与决策风险，企业在组织再造的时候需要建立必要的治理结构协助决策，常见的治理结构有战略委员会、审计委员会、薪酬与绩效委员会、其他专业委员会（如产品委员会、采购委员会、营销委员会、成本委员会）等，不同的委员会其构成和需要履行的职责有所不同。

1. 战略发展委员会

构成：公司董事会成员、独立董事、外聘专家。

核心职能：

（1）组织制定公司的总体经营战略。

（2）提出公司的职能战略指导思想。

（3）组织制定公司的经营目标和阶段性经营计划。

（4）对公司战略实施过程进行监控和定期评估。

（5）根据公司战略需要，负责公司组织结构的设计与重要调整。

（6）其他战略领域相关重要事项的管理。

（7）负责制定本委员会的会议制度与章程。

2. 薪酬与绩效委员会

构成：公司董事会成员、独立董事、监事会成员、外聘专家。

核心职能：

（1）根据公司发展战略，提出激励与分配的主要指导思想。

（2）对公司激励机制、分配机制的运行情况进行监控和定期评估。

（3）对公司绩效管理、薪酬分配过程中出现的重大争议问题做最后裁决。

（4）对公司总经理提交的年度薪酬福利预算报告进行审核批准。

（5）对公司总经理提交的年度绩效指标辞典进行审核批准。

（6）审核批准公司高级管理人员的薪酬福利水平。

（7）对高级管理人员的业绩进行综合评价。

（8）其他薪酬与绩效领域相关重要事项的管理。

（9）负责制定本委员会的会议制度与章程。

3. 审计委员会

构成：审计委员会成员至少三名，外部独立董事占多数，一名独立董事至少是会计专业人士。

核心职能：

（1）经股东大会批准，负责提名公司的会计师、审计人员。

（2）负责选择或推荐独立的外部会计师。

（3）负责在公司外部审计人员提供审计服务之前，界定其服务范围。

（4）负责监督公司内部审计制度及其实施。

（5）负责评价管理人员对由外部和内部审计人员提出的重要控制建议的反应。

（6）负责在每年的财务年报和其他会计报表发表之前，对其进行审查。

（7）负责帮助公司董事会其他成员更好地理解公司的核算体系、内部控制、财务报表、财务政策。

（8）负责在公司董事、独立的注册会计师、内部审计人员、公司的财务总监之间建立畅通的交流渠道。

（9）负责制定本委员会的会议制度与章程。

【案例 4-2】为了确保浙江兴华科技有限公司稳健经营，我们为该企业设计了战略委员会、薪酬与绩效委员会、提名委员会、审计委员会。下面简单介绍一下该企业战略委员会、薪酬与绩效委员会议事规则。

一、战略委员会议事规则

第一条　为规范浙江兴华科技有限公司（以下简称公司）日常规范经营，确保年度经营目标顺利实现，并结合本公司的实际情况制定本规则。

第二条　战略委员会为公司常设经营决策机构，负责公司战略、经营计划制订、监督落实和评价，是公司的经营决策中心，对公司股东会负责。

第三条　战略委员会行使下列职权：

（一）公司战略管理

1.负责组织公司经营环境（宏观环境、竞争环境、内部经营环境）分析。

2.明确公司使命与愿景、发展目标。

3. 建立发展战略动态管理机制，定期对公司发展战略进行调整。

（二）商业模式研究

1. 负责公司商业模式创新与研究。

2. 负责商业模式实施监督与评价。

（三）年度经营计划管理

1. 负责组织公司年度经营规划，确定企业年度战略地图及经营目标。

2. 根据年度战略地图，建立平衡计分卡，明确相关指标担当主体。

3. 负责公司年度经营计划实施平台规划与建设，并对其实施效果进行评价。

4. 组织公司月度经营检讨，监督年度经营目标及关键事项、业务计划执行情况。

5. 建立年度经营计划实施风险监督机制。

6. 组织企业年度经营规划会议，确定会议议程，审批会议决议。

（四）投资管理

1. 负责公司年度投资规划、可行性分析、投资项目管理及投资收益评审。

2. 监督投资项目计划执行情况。

（五）经营决策

1. 负责年度经营过程中重大或异常事件处理。

2. 负责临时性突发事件处理。

第四条　公司设战略委员会，战略委员会由5名管理干部组成，设战略委员会主任1名，委员4名，可以引进外部专家担任公司战略委员会成员。

第五条　战略委员会成员由高层管理干部推举产生，并由公司颁发聘书，聘期为1年。

第六条　战略委员会决策程序。

1. 年度经营规划程序。战略委员会组织每年公司经营规划会议，形成年度经营计划，并报公司董事会审批后组织实施。

2. 月度经营检讨程序。每月组织公司各部门进行目标及关键事项实施检讨，及时发现问题。

3. 半年度经营规划程序。每年7月战略委员会组织相关人员就半年度经营目标达成状况进行检讨，并对下半年经营计划进行及时修正及优化。

第七条　战略委员会检查工作程序。

战略委员会决议实施过程中，战略委员会主任应对决议的实施情况进行跟踪检查，在检查中发现有违反决议的事项时，可要求和督促战略委员会成员及各部门负责人予以纠正。

第八条　战略委员会议事程序。

1. 战略委员会主任应按规定定期（每月不少于 1 次）召开战略委员会会议。除常规会议外，战略委员会主任可临时召集会议，采用一事一议方式开展。

2. 战略委员会成员需对重要事项进行表决，1 人 1 票制，超过 2/3 票数，即提案获得通过形成决议。

3. 战略委员会例会要求全体战略委员会成员出席。每次议事日程因召开时间不同有所侧重，确定各次重点为：

（1）年度经营检讨会：上年度整体营运总结及业绩评估、年度经营环境分析、年度竞争态势及竞争策略规划、年度战略地图及目标确定、年度经营计划实施平台建设规划；

（2）月度经营检讨会：上月经营状况检讨，未来目标及策略修正；

（3）半年度经营检讨会：上半年经营状况检讨，下半年经营环境分析及下半年经营策略调整。

4. 战略委员会应当对会议所议事项的决议撰写会议记录。出席会议的成员有权要求在记录上对其在会议上的发言做出说明性的记载，并在会议记录上签名。

5. 战略委员会成员应当对战略委员会的决议承担责任。战略委员会的决议违反法律、行政法规或者公司章程，致使公司遭受严重损失的，参与决议的成员对公司负赔偿责任。

第九条　本规则解释权归属公司战略委员会。

第十条　本规则未尽事宜，按公司相关规定执行。

第十一条　本规则如与公司章程相抵触时，按公司章程的规定执行，并立即修订。

二、薪酬与绩效委员会议事规则

第一条　为规范浙江兴华科技有限公司（以下简称公司）薪酬体系与员工激励，确保薪酬绩效管理公平、合理、有效，并结合本公司的实际情况制定本规则。

第二条　薪酬与绩效委员会为公司常设薪酬绩效决策机构，负责公司薪酬体系、绩效体系建设与调整，监督落实和评价，是公司的薪酬绩效决策中心，对公司总经理负责。

第三条　薪酬与绩效委员会行使下列职权：

（一）薪酬体系

1. 根据公司战略及业务特性，组织岗位价值评估，并建立宽带薪酬体系。

2. 根据公司经营状况及外部薪酬行情，负责公司薪酬水平调整及员工薪酬层级调整方案编制，并监督实施。

3. 根据年度经营计划，建立关键岗位年度激励方案，确保各项经营目标顺利达成。

4. 建立健全核心员工中长期激励体系。

5. 定期组织检讨薪酬体系存在问题，及时进行修正与完善。

（二）绩效体系

1. 建立公司目标绩效管理体系，定期组织更新绩效指标词典。

2. 根据年度经营计划与各部门年度目标责任书，建立年度绩效管理方案。

3. 指导各部门开展员工绩效管理工作。

4. 审批各部门绩效成绩，参与重大绩效问题（包括绩效申诉）裁决。

第四条　公司设薪酬与绩效委员会，薪酬与绩效委员会由 5 名管理干部组成，设薪酬与绩效委员会主任 1 名，委员 4 名。

第五条　薪酬与绩效委员会成员由高层管理干部推举产生，并由公司颁发聘书，聘期为 1 年。

第六条　薪酬与绩效委员会决策程序。

1. 年度调薪程序。薪酬与绩效委员会组织每年公司年度调薪会议，形成年度调薪报告，并报公司总经理审批后组织实施。

2. 月度绩效检讨程序。每月组织公司各部门进行绩效检讨，确立下一月度绩效考核指标。

3. 年度激励方案规划程序。每年 11 月薪酬与绩效委员会组织相关人员对上一年度激励方案执行情况进行检讨并提出优化方案。

第七条　薪酬与绩效委员会检查工作程序。

薪酬与绩效委员会决议实施过程中，薪酬与绩效委员会主任应对决议的实施情况进行跟踪检查，在检查中发现有违反决议的事项时，可要求和督促薪酬与绩效委员会成员及各部门负责人予以纠正。

第八条　薪酬与绩效委员会议事程序。

1. 薪酬与绩效委员会主任应按规定定期（每月不少于 1 次）召开薪酬与绩效委员会会议。除常规会议外，薪酬与绩效委员会主任可临时召集会议，采用一事一议方式开展。

2. 薪酬与绩效委员会例会要求全体薪酬与绩效委员会成员出席。每次议事日程因召开时间不同有所侧重，确定各次重点为：

（1）年度薪酬调整研讨会：上一年度薪酬体系运行情况，外部薪酬水平调查、岗位价值评估、薪酬调整水平决定。

（2）月度绩效检讨会：上月各中心级绩效评价，下月绩效考核指标确定。

（3）年度激励方案研讨会：本年度激励方案运行情况，下一年度激励方案调整。

3. 薪酬与绩效委员会应当对会议所议事项的决议撰写会议记录。出席会议的成员有权要求在记录上对其在会议上的发言做出说明性的记载，并在会议记录上签名。

4. 薪酬与绩效委员会成员应当对薪酬与绩效委员会的决议承担责任。薪酬与绩效委员会的决议违反法律、行政法规或者公司章程，致使公司遭受严重损失的，参与决议的成员对公司负赔偿责任。

第九条　本规则解释权归属公司薪酬与绩效委员会。

第十条　本规则未尽事宜，按公司相关规定执行。

第十一条　本规则如与公司章程相抵触时，按公司章程的规定执行，并立即修订。

四、集团管控模式选择

如果是一家集团企业，那么对分、子公司或二级单位的管控体系设计是进行组织再造时需要重点考虑的问题之一，一般来讲有三种模式，即财务管控型、战略管控型、操作管控型。

1. 财务管控型

总部主要关注：财务与资产、集团规划、审计与监督、投资管理、收购、兼并等。

这样总部基本相当于投资管理公司或者风险投资公司，集团并不一定关注下属业务单位的长远发展，可能只在意业务前景的可升值性。总部对业务经营单位的主要控制是财务指标，保证具体业务的资产回报率及相关财务指标。

2. 战略管控型

总部主要关注：战略控制、财务与资产、集团规划、审计与监督、投资管理、收购、兼并、人才培养、审计、集团营销、现金管理等。

这种管控模式是集团作为一个整体，以整体优势抵御经营风险，赢得竞争优势。这样的集团总部主要关注战略资源优化配置和经营者队伍，如财务指标的战略协同指标和经营班子素质指标等。

3. 操作管控型

总部主要关注：财务与资产、集团规划、审计与监督、投资管理、收购、兼并、公关、人才培养、法律、审计、集团营销、研发、采购与物流、销售网络、人事管理等。

显而易见，这样的集团更加深入业务的具体运营过程中。这样的集团总部将更加集权，对业务经营单位的控制更加严格，设计的考核指标将更加深入业务运营层面。

当然，不同的管控模式，公司总部关注的重点是不同的，这需要企业根据自己的管理需求进行识别和设计。

可以看得出来，不同管控模式背景之下，集团总部与分子公司的职能划分是截然不同的，相应的集团总部组织结构的复杂程度也是完全不同的，财务管控型的集团总部结构很简单，而操作管控型的集团总部结构就要复杂很多。

当然，对于集团企业而言，在组织再造的时候需要考虑集团总部的组织结构，但对于非集团企业而言，这部分内容就可以省略了。

五、管理层级与管理幅度设计

在前文介绍管理层次和管理幅度概念的时候，我们已经介绍过二者之间的关系，在企业进行组织再造的时候，最好列一张表，详细规划不同层级、不同职族管理人员的管理幅度，并设计适合企业的管理层次。根据我们的经验，本土企业管理层次的设计可以为3级（中小型企业）、4级（中等规模企业）、5级（集团公司或较大规模企业），最多也不要超过6级；管理幅度的设计为高层管理者控制在4～6人，中层管理者控制在6～10人，而基层管理者可控制在10～15人。

六、职位族及管理层级关系规划

在企业内部，不同的职位承担不同的职责，对其任职资格也有不同的要求，所以在组织结构设计之前必须对职族、职系进行规划。

（1）职位族。根据工作内容、任职资格或者对组织的贡献的相似形而划分为同一组的职位。职位族的划分常常建立在职位分类的基础上。例如：管理职位族、生产职位族、营销职位族、技术职位族、专业事务职位族、辅助职位族等。

（2）职系。职系是对职位族的细化，在同一职位族中，当有些职位需要具备的任职要求或承担的职责相似或相同时，这些职位可以归为同一职系。如在技术职位族还可以细分为研发技术类、品质技术类、工艺技术类、设备技术类、工程技术类、IT技术类等。

当然，除了职位族、职系规划之外，在组织再造的时候，还需要根据企业规模和组织管理原则规划管理层级，上面已经提到，管理层级一般要控制在3～5层，同时为了让员工明确自己的位置及横向比较，还需要设计一张完整的层级关系图，以解决不同岗位之间的管理职位层级比较。

【案例4-3】浙江兴华科技有限公司职位族、职系及管理层级关系展示（表4-2、表4-3）

表4-2　浙江兴华科技有限公司职位族、职系规划表

职位族	职位族定义	职系	典型岗位
管理职位族	专门从事经营管理、职能管理、项目管理的职位	经营管理职系	总经理、副总经理
		职能管理职系	总监、经理、主管
		项目管理职系	研发项目经理、专项项目经理
技术职位族	专门从事新产品开发、设备技术、工艺技术等的职位	研发技术职系	研发技术员、研发工程师、研发高级工程师、研发主任工程师、副总工程师、总工程师
		设备技术职系	设备技术员、设备工程师、设备高级工程师
		工艺技术职系	工艺技术员、工艺工程师、工艺高级工程师
		品质技术职系	品质技术员、品质工程师
营销职位族	专门从事品牌推广、市场管理、渠道开发、客户开发、产品销售的职位	品牌职系	品牌专员、媒介专员
		市场职系	市场专员
		销售职系	大区总监、区域经理、销售主管、销售专员
		客户服务职系	客户服务工程师
生产制造职位族	专门从事产品生产制造的职位	生产职系	生产班长、生产作业员、仓管员
		品质职系	质检员
专业事务职位族	提供专业事务性工作的职位	财务职系	会计、出纳
		人力资源职系	招聘专员、培训专员、人事专员
		采购职系	采购专员
		综合及行政职系	行政专员、EHS专员
辅助职位族	提供辅助性工作的职位	物业服务职系	物业专员
		后勤服务职系	保安、清洁工、前台文员

表4-3　浙江兴华科技有限公司管理层级关系图

管理层级	管理职位族	技术职位族	营销职位族	生产制造职位族	专业事务职位族	辅助职位族
A层级（高管级）	总经理	—	—	—	—	—
	副总经理	总工程师	—	—	—	—
B层级（经理级）	总监	副总工程师	—	—	—	—
	经理	主任工程师	—	—	专业总监	—
C层级（主管级）	车间主任、主管	高级工程师	大区经理	—	—	—
			区域经理	—	专业经理	—
D层级（专员级）	—	工程师	销售主管	—	高级专员	—
		技术员	销售专员	—	专员	专员
E层级（作业员级）				生产班长	—	班组长
	—	—	—	作业员、质检员、仓管员	—	保洁、厨师、厨工

在浙江兴华科技有限公司，我们为该企业规划了6大职位族（管理职位族、技术职位族、营销职位族、生产制造职位族、专业事务职位族、辅助职位族）、19个职系（经营管理职系、职能管理职系、项目管理职系、研发技术职系、设备技术职系、工艺技术职系、品质技术职系等）、5个管理层级（A层级、B层级、C层级、D层级、E层级）。

七、组织结构设计

这里讲的组织结构既包括公司一级结构，又包括部门结构（即二级结构），公司一级结构最好在一张图上全部表示出来，而二级结构则最好以部门为单位独立描述。

在组织结构设计时，需要注意以下几点：

（1）公司一级结构既包括股东大会、董事会及董事会之下的治理结构，也包括总经理及总经理之下以事业部、中心、部门为单位的公司经营结构。

（2）部门二级结构通常包括部门负责人及以下的部门内部岗位设置。

（3）不论是一级结构，还是二级结构，最好同时表达出管理层级，这样更容易看得到不同岗位之间的管理关系。

【案例4-4】浙江兴华科技有限公司组织再造展示

1. 浙江兴华科技有限公司一级组织结构（图4-8）

从图4-8可以看得出来，该企业的一级结构是典型的直线职能式组织模式，在总经理之下设五大中心，每个中心内部设若干职能部门，如营销中心下设品牌与市场部、销售管理部、国内销售部、国际贸易部，技术中心下设基础研究部、研发设计部和设备工程部，而运营中心下设计划仓储部、质量管理部、采购管理部和生产管理部。

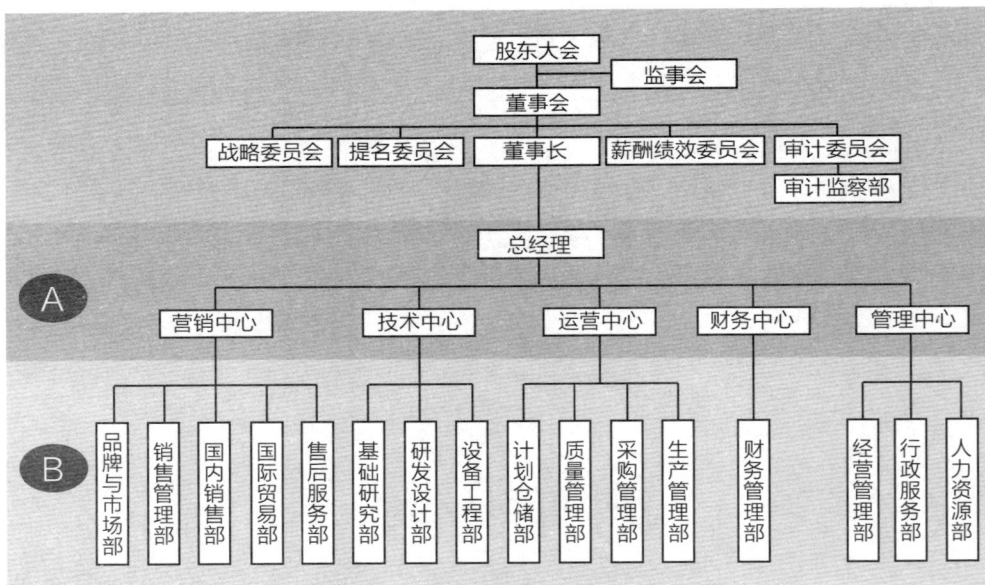

图4-8 浙江兴华科技有限公司一级组织结构

另外，为了确保股东大会利益及公司稳健运营，该企业在股东大会下面按照《公司法》相关规定设有董事会、监事会，在董事会下设战略委员会、提名委员会、薪酬与绩效委员会和审计委员会，其中审计委员会下又设审计监察部，协助董事会监督总经理及经营团队在经营过程中的相关责任。

还有，在上图中我们用 A、B 表示管理层级，其中 A 代表公司高管级，而 B 则代表公司经理级。

2. 浙江兴华科技有限公司公司二级组织结构（部分）（图 4-9 ～图 4-13）

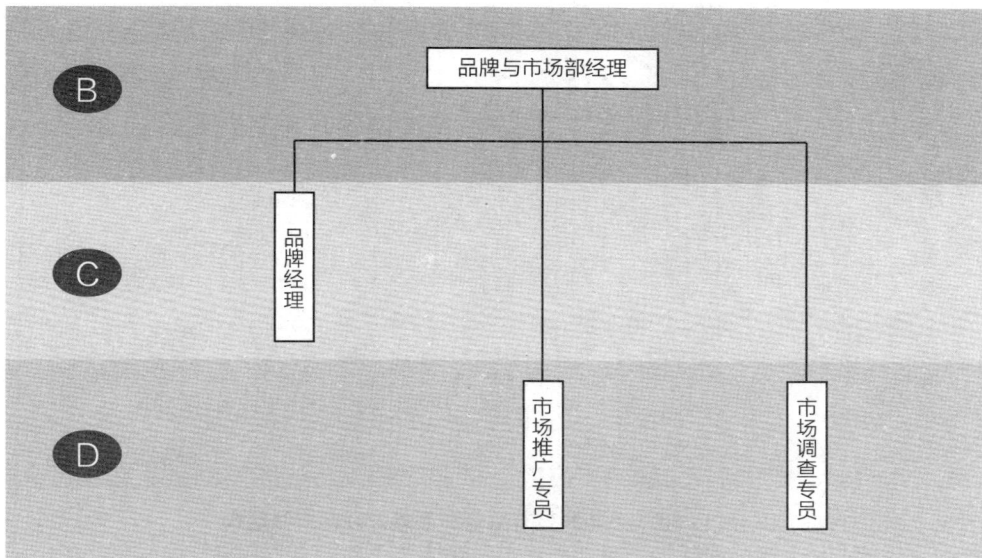

图4-9　浙江兴华科技有限公司品牌与市场部二级结构

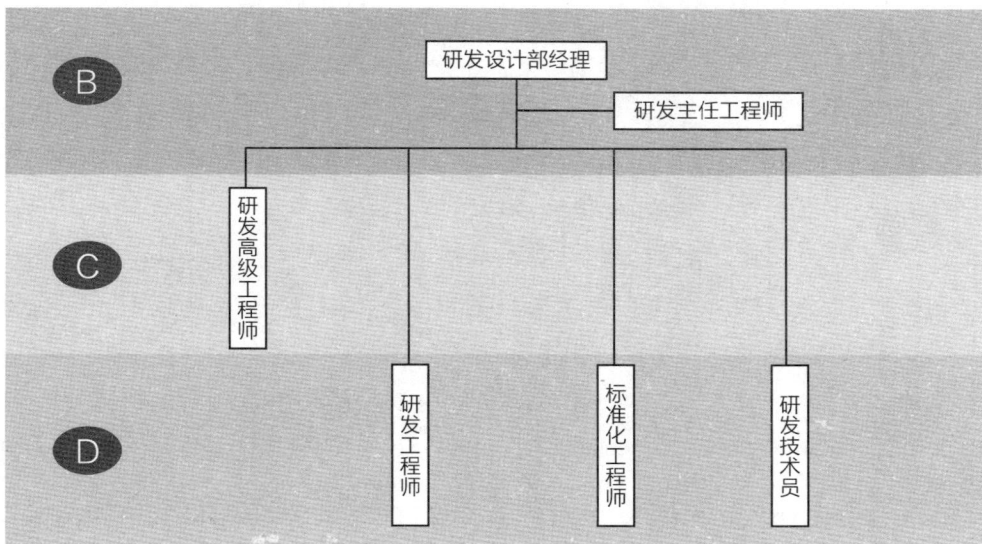

图4-10　浙江兴华科技有限公司研发设计部二级结构

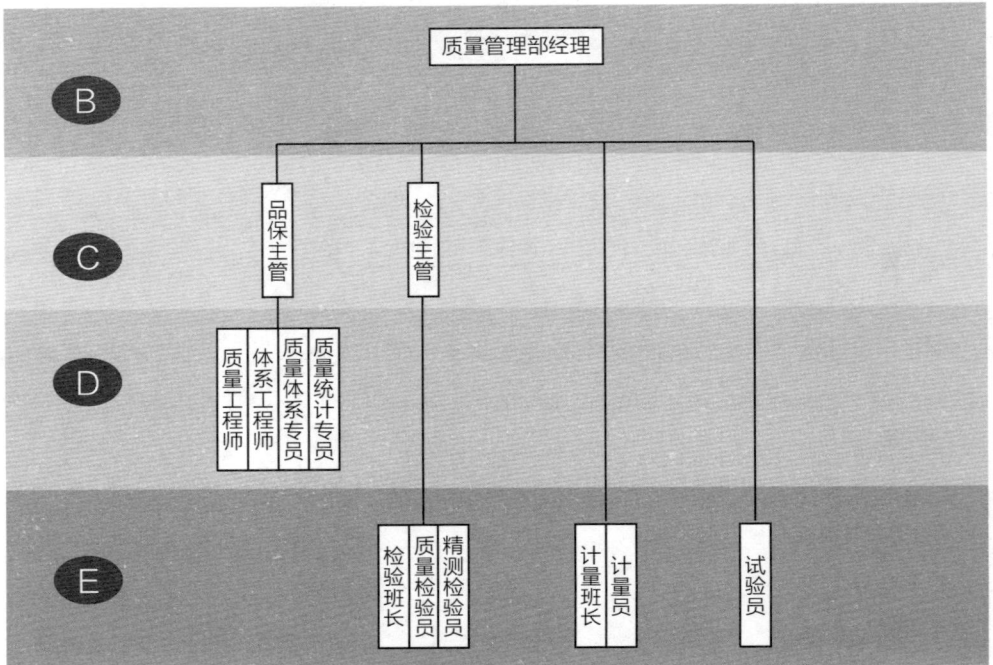

图4-11 浙江兴华科技有限公司质量管理部二级结构

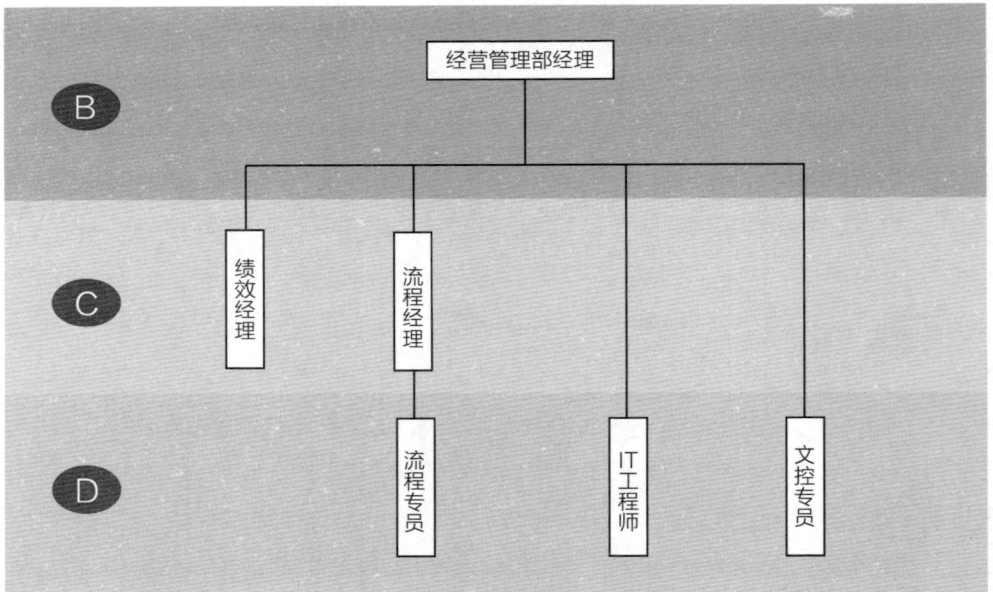

图4-12 浙江兴华科技有限公司经营管理部二级结构

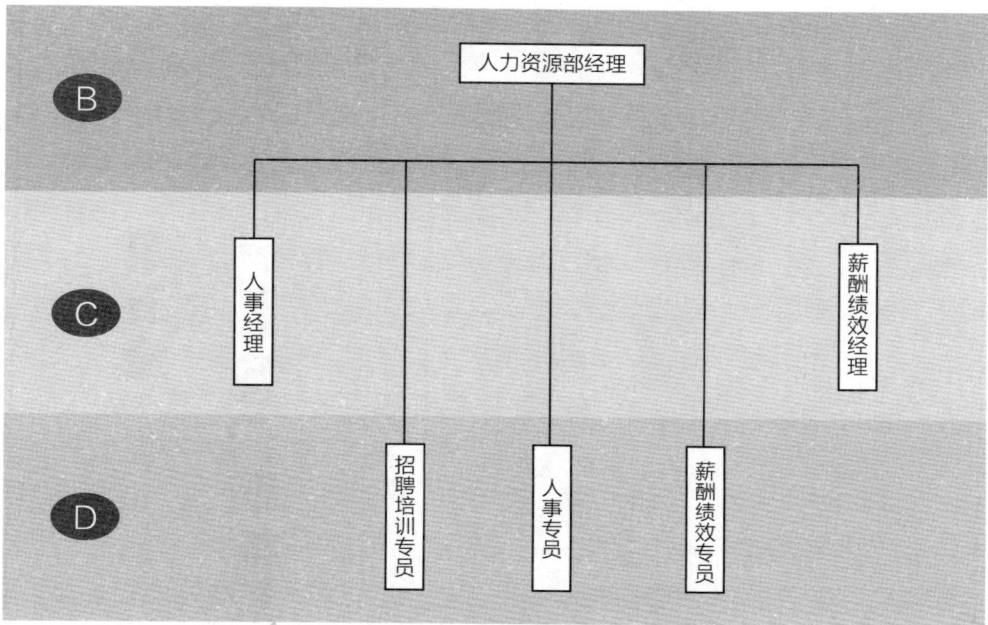

图4-13　浙江兴华科技有限公司人力资源部二级结构

　　在图4-9～图4-13中，除了质量管理部之外，其他几个部门内部都是B层级、C层级、D层级共3个层级，但这些部门结构有一个共同的特征，就是不论是C层级岗位，还是D层级岗位，它们的直接上级都是B层级，也就是说在这些部门内部其实真正的管理层级也就只有两级。而质量管理部内部虽然有B层级、C层级、D层级、E层级共4个层级，但真正的管理层级最多也就三级，如质量工程师的上级是品保主管，品保主管的上级是质量管理部经理。

　　这种二级结构设计最大的好处就是大幅度减少了部门内部汇报关系，由部门经理直接管到部门内部的每一个岗位，信息传递准确而且效率高，真正实现部门内部的扁平化管理。

第五章

部门职能规划及分解

一、明确部门使命

二、部门职能规划

三、部门职能树绘制

四、部门职能描述与分解

五、部门共性职能

一、明确部门使命

公司及部门组织确定后，我们就需要清晰定义各部门的使命及职能担当。正如马克思所言：作为一个确定的人、现实中的人，你就有规定、就有使命、就有任务，至于你是否意识到这点，那是无所谓的。这个任务是由于你的需要及其与现存世界的真实联系而产生的。根据马克思的观点，使命是与生俱来的，而且是客观存在的，不以人的意志为转移，无论你是否愿意接受，无论你是否意识到，是否感觉到它的真实存在，这种使命伴随人出生而降临到每个人身上。

一个人如此，一个部门如此，一家企业更是如此。彼得·德鲁克曾经说过：顾客是企业的基础，顾客维持企业的生存，只有顾客能为企业创造就业机会。为了满足顾客的所需所想，社会把创造财富的资源托付给了企业。如此而言，企业产生的前提是需要解决社会中的一个问题，而部门产生的前提是承担企业的一项业务或职能，这就意味着从企业诞生的那一刻起，企业就肩负着特定的使命。同理，从部门诞生的那一刻起，也肩负着特定的使命，而且这个使命不以企业、部门中的任何个人意志而转移。因此，进行部门职能规划的第一步就是要让部门全体成员都必须清楚部门承担的使命以及存在的价值究竟是什么，这一点非常关键。

我们知道，任何一个部门都会与公司整体相关，也跟兄弟部门，甚至客户、供应商等外部利益相关方相关，同时也跟部门内部的每一个人相关，在明确部门使命的时候，需要综合考虑部门对于这些利益相关者的价值体现。

关于部门使命的描述，需要精炼、精准，便于记忆，更要朗朗上口，同时要确保每一位团队成员都能将其使命铭记在心。

如财务部门的使命可以定义为：转变意识，由财务会计向经营会计转型，使财务成为能带来附加值的公司管理合作者和公司战略与新管理制度的推动者。

市场部门的使命可以定义为：深度研究市场，把控市场动态，为公司确定市场策略提供支持，并推动销售能力提升。

又如人力资源部门的使命可以定义为：通过建立和完善人力资源管理体系，为公司研发、生产、营销及服务支持等业务模块的发展、经营目标的达成，提供战略性的人力资源支持。

再如质量管理部门的使命可以定义为：依据公司战略目标及年度经营计划，通过建立和完善质量管理体系，打造精品，提升公司品牌美誉度。

当然，每家公司的使命与追求不同，企业赋予各部门的职能不同，其使命也应该有所差异。

二、部门职能规划

发展战略决定了企业价值链，也决定了企业的业务蓝图，前文已经对价值链分析模型、业务蓝图、业务逻辑关系图做过详细介绍，部门职能规划就是将业务蓝图中的各项业务按照职能相近原则进行识别的过程，但需要注意的是必须确保公司业务蓝图中的每一项业务都有相应部门承接，不得留有空白，同时也要确保部门职能相对均衡，切不可出现有些部门职能很多，而有些部门职能很少的状态。

【案例 5-1】浙江兴华科技有限公司部门职能规划（表 5-1）

表5-1 浙江兴华科技有限公司部门一级、二级职能规划

一级职能	二级职能	品牌与市场部	销售管理部	国内销售部	国际销售部	售后服务部	基础研究部	研发设计部	设备工程部	计划仓储部	质量管理部	采购管理部	生产管理部	财务管理部	经营管理部	行政服务部	人力资源部
战略及年度经营计划	发展战略规划														√		
	商业模式														√		
	年度经营计划														√		
	年度品牌及市场推广计划	√															
	年度销售计划			√	√												
	年度研发计划						√	√									
	年度投资及融资计划													√			
	年度供应链计划									√		√	√				
	年度流程及IT建设计划						√	√	√						√		
	年度人力资源规划															√	√
	年度经营预算	√		√	√	√	√	√	√	√	√	√	√	√	√	√	√
新产品研发	产品市场调研	√					√										
	需求管理	√															
	产品线规划							√									
	产品定义						√	√									
	新产品开发及验证						√	√			√		√				
	生命周期管理	√															

续表

一级职能	二级职能	品牌与市场 市场部	销售 管理部	国内 销售部	国际 销售部	售后 服务部	基础 研究部	研发 设计部	设备 工程部	计划 仓储部	质量 管理部	采购 管理部	生产 管理部	财务 管理部	经营 管理部	行政 服务部	人力 资源部
市场营销	品牌推广	✓															
	市场调研	✓		✓	✓												
	市场策略	✓															
	市场推广	✓		✓	✓												
	客户开发与管理																
	销售政策管理		✓														
	回款管理			✓	✓												
面向订单开发	订单需求确认		✓														
	面向订单的产品定义						✓	✓									
	产品开发							✓									
	开发验证							✓			✓						
供应链管理	订单管理		✓														
	计划管理									✓							
	物料采购											✓					
	仓储管理									✓							
	外协加工									✓	✓		✓				
	生产制造												✓				
	物流管理									✓							
客户服务	售前技术服务							✓									
	售后技术服务					✓											

一级职能	二级职能	品牌与市场部	销售管理部	国内销售部	国际销售部	售后服务部	基础研究部	研发设计部	设备工程部	计划仓储部	质量管理部	采购管理部	生产管理部	财务管理部	经营管理部	行政服务部	人力资源部
客户服务	客户满意度调查					✓											
	客户投诉处理					✓											
	客户索赔处理					✓											
质量管理	体系管理										✓						
	开发品质										✓						
	原料品质										✓						
	成品品质										✓						
	外协品质										✓						
工艺及设备管理	工艺管理								✓								
	设备管理								✓								
	工装夹具管理								✓								
	精益管理								✓								
组织及HR	组织管理																✓
	招聘管理																✓
	人才评价																✓
	人事事务																✓
	员工培训与发展																✓
	绩效管理														✓		
	薪酬与激励																✓
	人事事务																✓
	企业文化																✓

续表

一级职能	二级职能	品牌与市场部	销售管理部	国内销售部	国际销售部	售后服务部	基础研究部	研发设计部	设备工程部	计划仓储部	质量管理部	采购管理部	生产管理部	财务管理部	经营管理部	行政服务部	人力资源部
流程及信息化	流程规划														√		
	流程实施														√		
	信息化规划														√		
	信息系统实施														√		
	信息系统集成														√		
	商业智能														√		
	IT软硬件服务														√		
行政后勤	基建管理															√	
	知识产权管理															√	
	档案及保密管理															√	
	项目申报管理															√	
	后勤及物业管理															√	
	法务管理															√	
	合同管理															√	
	公文管理															√	
	证照及公章管理															√	
EHS	环保管理															√	
	安全管理								√								
	职业健康管理																√

续表

一级职能	二级职能	品牌与市场部	销售管理部	国内销售部	国际销售部	售后服务部	基础研究部	研发设计部	设备工程部	计划仓储部	质量管理部	采购管理部	生产管理部	财务管理部	经营管理部	行政服务部	人力资源部
财务管理	风险及合规管理													✓			
	投资管理													✓			
	融资管理													✓			
	预算管理													✓			
	费用管理													✓			
	成本管理													✓			
	会计核算													✓			
	资产管理													✓			
	资金管理													✓			
	财务分析													✓			
	税务管理													✓			
资源管理	供应商资源管理											✓					
	市场及客户资源管理			✓	✓												
	研发资源管理						✓	✓									
	工厂资源管理											✓					
	智力资源管理																✓
	公共资源管理															✓	

三、部门职能树绘制

为了便于管理，部门职能规划出来之后，我们还需要将部门一级职能、二级职能绘制成部门职能树：部门职能树的树干为一级职能，树枝为二级职能。

【案例 5-2】浙江兴华科技有限公司部门职能树规划（图 5-1～图 5-5）

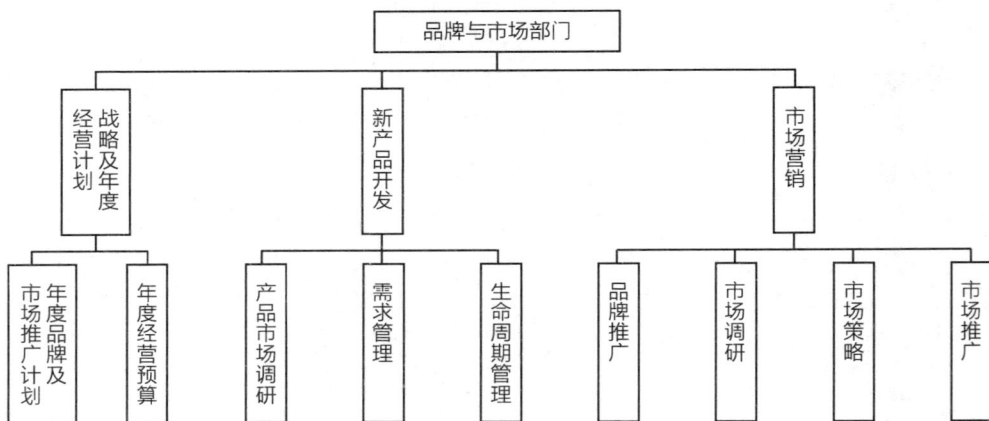

图5-1　品牌与市场部门职能树

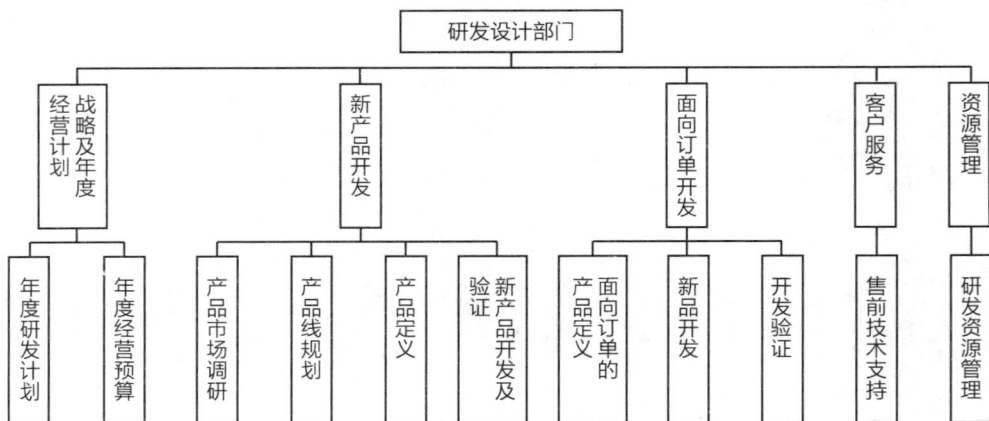

图5-2　研发设计部门职能树

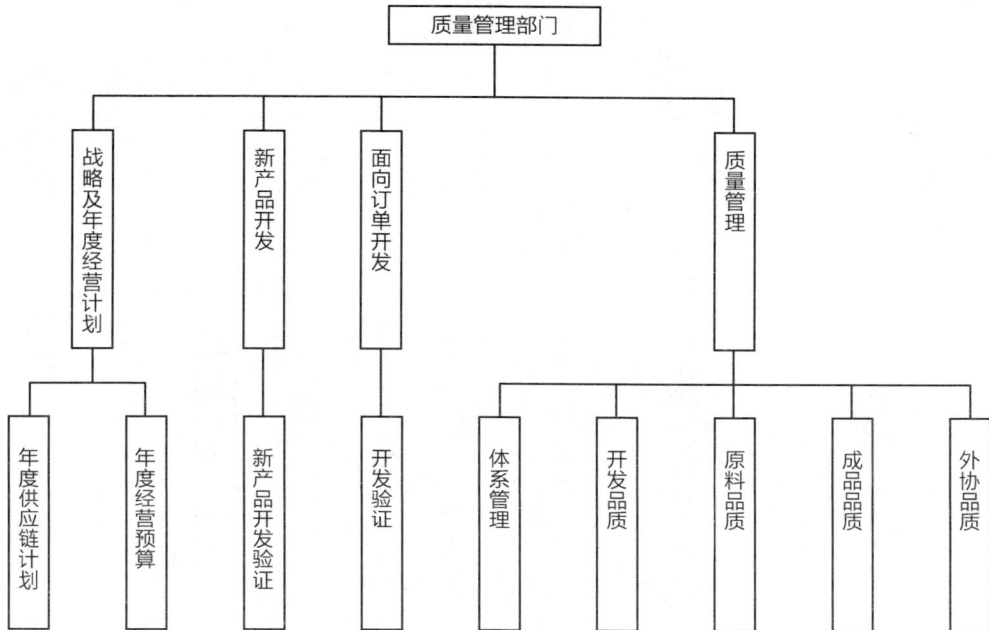

图5-3 质量管理部门职能树

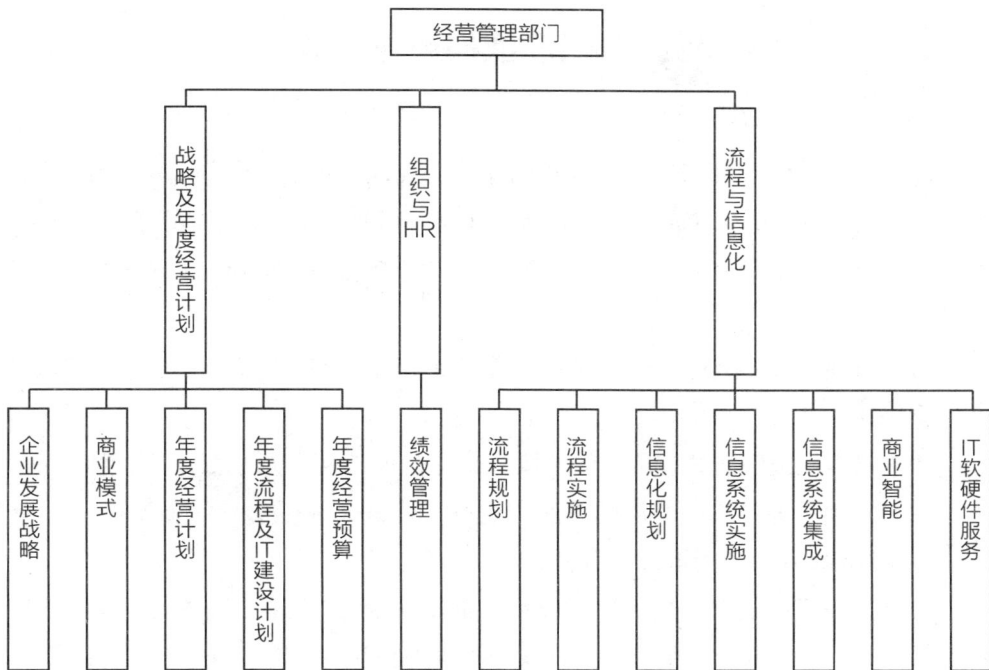

质量管理部门
├─ 战略及年度经营计划
│ ├─ 年度供应链计划
│ └─ 年度经营预算
├─ 新产品开发
│ └─ 新产品开发验证
├─ 面向订单开发
│ └─ 开发验证
└─ 质量管理
   ├─ 体系管理
   ├─ 开发品质
   ├─ 原料品质
   ├─ 成品品质
   └─ 外协品质

图5-3 质量管理部门职能树

经营管理部门
├─ 战略及年度经营计划
│ ├─ 企业发展战略
│ ├─ 商业模式
│ ├─ 年度经营计划
│ ├─ 年度流程及IT建设计划
│ └─ 年度经营预算
├─ 组织与HR
│ └─ 绩效管理
└─ 流程与信息化
   ├─ 流程规划
   ├─ 流程实施
   ├─ 信息化规划
   ├─ 信息系统实施
   ├─ 信息系统集成
   ├─ 商业智能
   └─ IT软硬件服务

图5-4 经营管理部门职能树

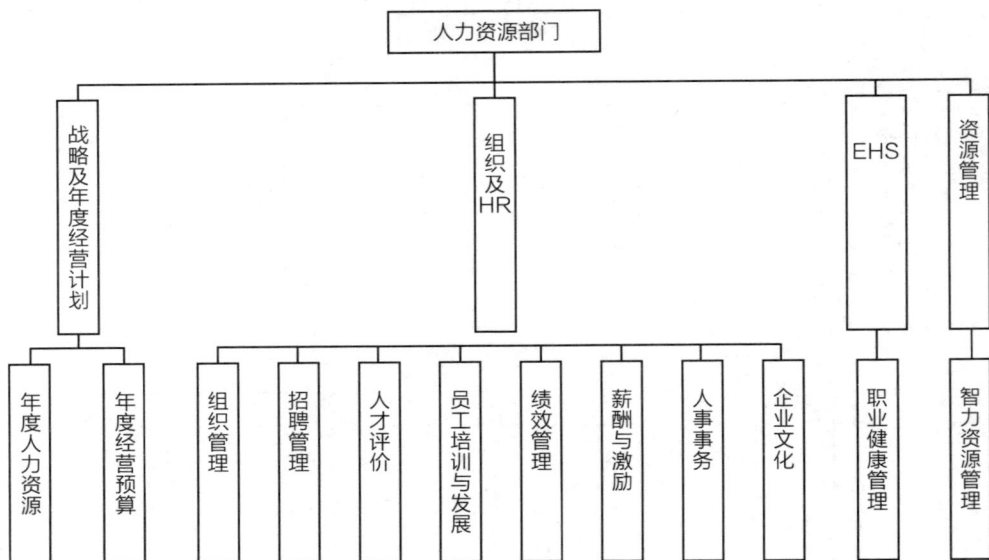

图5-5　人力资源部门职能树

四、部门职能描述与分解

部门职能规划和部门职能树为我们非常直观地展示了每个部门的一级职能、二级职能，但为了让大家能够更加详细地了解部门具体工作，还需要在二级职能的基础上再进行细化表述，最终形成部门三级职能。三级职能的描述应该注意以下几点：

（1）每项二级职能可以分解成若干项三级职能，每项三级职能是对二级职能的细化描述。

（2）每项三级职能只表达一件事情，或者表达二级职能的某一个方面。

（3）常用的部门三级职能的表达句式有"根据……完成……输出……""负责……""组织……""协助……"。

另外，为了保证组织分工的充分性，企业还需要对部门三级职能按照组织、计划、执行、协助配合、审核或审批、分析改进等几个维度进行分解，分解到相关岗位，形成岗位职责，为编制岗位说明书做准备。

五、部门共性职能

部门作为组织体系中的中坚力量，部门除了履行业务蓝图赋予的相关业务职能之外，每家企业都期望部门还能规范运营，同时还要履行人才培养、部门工作氛围建设、部门目标管理、部门计划管理、部门信息化管理、部门归口费用控制、部门归口制度建设、部门归口资产管理等职责，因为这些职责对于每个部门都适用，我们将这些职能定义为部门共性职能，如表5-2所示。

表5-2 部门共性职能

职能归属	职能描述
部门流程制度建设	根据公司业务蓝图及规范化管理要求，规划部门归口流程、制度及表单
	负责部门归口流程、制度及表单起草、会审及实施效果评估
	负责部门归口流程、制度及表单年度换版及优化工作
部门体系维护	负责更新维护本部门管理体系及相关记录
	参与涉及本部门的二、三方审核，负责跟踪整改本部门职责范围内的不符合项和建议项
部门目标管理	负责部门年度目标责任书KPI及关键事项分解及实施
	根据公司绩效管理制度及部门年度目标责任书，负责部门内部员工目标及关键事项达成状况评估
	负责部门内部员工绩效考核
部门计划管理及总结	负责部门工作计划的制订、实施及评价
	负责部门内员工工作计划审核及实施监督、评价
	定期组织部门工作总结，发现短板与问题，及时修正
部门员工管理	负责部门员工的招聘面试、试用管理及选拔工作
	负责部门级培训计划的制订、实施及效果评估

职能归属	职能描述
部门员工管理	结合岗位任职要求，负责对本部门员工进行系统性的培训，提升部门员工适岗率
	负责部门员工职业生涯规划、成长辅导
	负责部门员工激励政策的制定和实施
	根据公司员工手册及奖惩制度，负责部门员工奖惩管理
部门安全管理	负责部门员工安全教育
	负责部门安全措施管理、安全源识别与预防，配合安全部门进行部门安全事故调查及处理
部门信息化管理	根据部门流程管理需求，提出部门归口流程信息化建设规划
	配合部门完成本部门流程信息化调研、开发与实施
	监督部门信息化实施状况，并提出优化建议
	负责本部门员工上网行为管理
部门成本（费用）管理	根据公司预算管理制度，负责部门年度成本（费用）预算编制
	负责部门成本（费用）预算控制、审批
	负责部门超预算、预算外项目报批及处理
	负责部门降本节流项目识别与实施
部门资产管理	负责部门归口资产申购、验收
	负责本部门归口资产日常维护与管理
部门氛围建设	宣导公司理念文化，提高部门员工的凝聚力和战斗力
	负责部门员工行为文化建设，引导员工行为，确保员工行为规范符合公司、部门相关要求

【案例5-3】浙江兴华科技有限公司部门三级职能描述及分解（表5-3～表5-7）

接【案例5-2】，以下是我们对浙江兴华科技有限公司品牌与市场部、研发设计部、质量管理部、经营管理部及人力资源部等部门三级职能的描述及部门职能分解。

表5-3 浙江兴华科技有限公司品牌与市场部使命、三级职能描述及分解

部门使命	一级职能	二级职能	三级职能	组织	计划	执行	协助配合	审核审批	分析改进
系统规划品牌及市场策略，提升品牌影响力，助力销售，实现公司经营目标	战略及年度经营计划	年度品牌及市场推广计划	根据年度销售目标，负责年度品牌及市场推广计划编制	品牌与市场部经理	品牌经理	品牌经理		总经理	
		年度经营预算	根据经营预算规范及目标，负责公司年度品牌推广、市场推广相关费用预算编制	品牌与市场部经理		品牌经理、市场推广专员		品牌与市场部经理	品牌经理、市场推广专员
			负责年度品牌推广、市场推广相关费用预算控制及预算外、超预算费用支出报审			品牌与市场部经理	品牌经理、市场推广专员	总经理	品牌与市场部经理
	新产品开发	产品市场调研	提供新产品开发市场反馈信息报告			市场调研专员	市场调研专员	品牌与市场部经理	
		需求管理	负责公司新产品调研需求编制及确认		品牌与市场部经理	品牌与市场部经理	市场调研专员		品牌与市场部经理
			负责新产品上市策略及推广		品牌与市场部经理	市场推广专员	市场推广专员	品牌与市场部经理	市场推广专员
		生命周期管理	负责产品生命周期管理	品牌与市场部经理	品牌与市场部经理	品牌与市场部经理	市场推广专员		
			负责退市产品及库存处理			品牌与市场部经理	市场推广专员	总经理	

部门使命	系统规划品牌及市场策略，提升品牌影响力，助力销售，实现公司经营目标								
一级职能	二级职能	三级职能	组织	计划	执行	协助配合	审核审批	分析改进
市场营销	品牌推广	根据年度品牌推广计划编写品牌建设策划书			品牌经理		品牌与市场部经理	
	品牌推广	利用网络平台，定期在百度百科、百度知道、知乎等平台进行软文营销，树立公司品牌形象			品牌经理	市场推广专员		
	市场调研	通过调查与走访等手段，收集市场各行业最新发展方向			市场调研专员			
	市场调研	通过调查与走访等手段，收集各竞争对手的最新信息			市场调研专员			
	市场调研	参加各行业展会，收集市场信息，提供展会报告			市场调研专员			
	市场策略	根据公司产品特性及市场布局，制定公司市场策略	品牌与市场部经理		市场推广专员			
	市场策略	负责编制市场策略实施规划			市场推广专员	品牌与市场部经理	总经理	
	市场推广	选择重点展会进行现场推广	品牌与市场部经理		市场推广专员	品牌经理	总经理	
	市场推广	负责市场物料设计、制作及分发			市场推广专员	品牌经理	品牌与市场部经理	

表5-4 浙江兴华科技有限公司研发设计部使命、三级职能描述及分解

部门使命	一级职能	二级职能	三级职能	组织	计划	执行	协助配合	审核审批	分析改进
依据公司产品研发规划，完善研发管理体系，提升产品市场竞争力	战略及年度经营计划	年度研发计划	根据年度研发需求，负责编制年度产品研发计划	研发设计部经理		研发主任工程师	研发高级工程师	总经理	研发主任工程师
		年度经营预算	根据经营预算规范及目标，负责公司年度产品研发相关费用预算编制	研发设计部经理		研发主任工程师	研发高级工程师	总经理	研发主任工程师
			负责对年度产品研发相关费用预算控制及预算外、超预算支出报审			研发设计部经理	研发主任工程师	总经理	研发设计部经理
		产品市场调研	配合品牌与市场部进行收集、分析产品市场数据调研			研发主任工程师	研发高级工程师		
	新产品开发	产品线规划	负责对新产品系列的规划	研发设计部经理		研发设计部经理	研发主任工程师	总经理	研发设计部经理
		产品定义	负责对新产品质量的定位进行规划	研发设计部经理		研发高级工程师	研发主任工程师	研发设计部经理	研发高级工程师
			负责对新产品价格的定位提出建议	研发设计部经理		研发高级工程师	研发主任工程师	研发设计部经理	研发高级工程师
		新产品开发与验证	负责设计新产品的图纸		研发工程师、研发高级工程师	研发工程师、研发高级工程师	研发技术员、标准化工程师	研发主任工程师	
			负责建立新产品的技术文件、数据			研发工程师、研发高级工程师	研发技术员、标准化工程师	研发主任工程师	

续表

一级职能	二级职能	二级职能	组织	计划	执行	协助配合	审核审批	分析改进
新产品开发	新产品开发与验证	负责产品样本初稿的编写			研发工程师、研发高级工程师	研发技术员、标准化工程师	研发主任工程师	
		负责产品使用说明书的编写			研发工程师、研发高级工程师	研发技术员、标准化工程师	研发主任工程师	
		负责对新产品进行小批量试制和型式试验		研发工程师、研发高级工程师	研发工程师、研发高级工程师	研发技术员、标准化工程师	研发主任工程师	
		负责组织对新产品的评价		研发工程师、研发高级工程师	研发工程师、研发高级工程师	研发技术员、标准化工程师	研发主任工程师	
面向订单开发	面向订单的产品定义	根据客户需求，负责面向订单的产品定义			研发高级工程师	研发主任工程师	研发设计部经理	研发高级工程师
	新品开发	负责面向订单的新品开发		研发工程师、研发高级工程师	研发工程师、研发高级工程师	研发技术员	研发主任工程师	
	开发验证	负责面向订单的新产品开发验证			研发高级工程师	研发主任工程师	研发设计部经理	研发高级工程师

部门使命：依据公司产品研发规划，完善研发管理体系，提升产品市场竞争力

续表

部门使命		依据公司产品研发规划，完善研发管理体系，提升产品市场竞争力						
一级职能	二级职能	三级职能	组织	计划	执行	协助配合	审核审批	分析改进
客户服务	售前技术支持	负责产品售前的工况调研和选型，并提供选型方案和外形图			研发工程师、研发技术员			
		负责对产品售前技术问题的解答			研发工程师、研发技术员			
资源管理	研发资源管理	负责对研发资源的开发、研发信息库的建立与管理			研发主任工程师		研发设计部经理	

表5-5 浙江兴华科技有限公司质量管理部使命、三级职能描述及分解

部门使命		建立和完善质量管理体系，严格质量控制，提升产品品质，树立精品形象						
一级职能	二级职能	三级职能	组织	计划	执行	协助配合	审核审批	分析改进
战略及年度经营计划	年度供应链计划	负责产品品质提升计划编制与实施	质量管理部经理		品保主管、检验主管	质量工程师、计量班长	管理者代表	品保主管、检验主管
	年度经营预算	根据经营预算规范及目标，负责公司年度品质相关费用预算编制	质量管理部经理		品保主管、检验主管	品保主管、检验主管	总经理	品保主管、检验主管
		负责年度品质相关费用预算控制及预算外、超预算支出出报审			质量管理部经理		总经理	质量管理部经理

续表

部门使命			建立和完善质量管理体系，严格质量控制，提升产品品质，树立精品形象						
一级职能	二级职能	三级职能		组织	计划	执行	协助配合	审核审批	分析改进
新产品开发	新产品开发验证	负责新品开发过程品质标准及检验方法建立		质量管理部经理		品保主管、质量工程师	实验员	研发主任工程师	品保主管、质量工程师
		负责新产品的验证		质量管理部经理		试验员	品保主管、质量工程师		试验员
面向订单开发	开发验证	负责面向订单开发过程品质标准及检验方法建立		质量管理部经理		品保主管、质量工程师	实验员	研发主任工程师	品保主管、质量工程师
		负责面向订单的新产品开发的验证		质量管理部经理		试验员	品保主管、质量工程师		试验员
质量管理	体系管理	负责ISO等品质体系的设计、建立、保持和改进		品保主管	体系工程师	体系工程师	质量工程师	质量管理部经理	体系工程师
		负责体系文件培训指导并监督实施		体系工程师		体系工程师	品保主管		
		负责ISO等各类体系认证、内部评审、管理评审及客户审核		体系工程师	体系工程师	体系工程师	品保主管、质量工程师		体系工程师
	开发品质	负责新产品开发过程品质控制点识别及控制		品保主管		品质工程师		质量管理部经理	品质工程师

续表

部门使命：建立和完善质量管理体系，严格质量控制，提升产品品质，树立精品形象

一级职能	二级职能	三级职能	组织	计划	执行	协助配合	审核审批	分析改进
质量管理	原料品质	负责供应商来料品质检验及不良品处理			检验班长、质量检验员、计量员	质量工程师		
	成品品质	负责新零部件的验证			检验班长、质量检验员、计量员	质量工程师		
		负责成品品质检验及不良品处理			检验班长、质量检验员、计量员	质量工程师	检验主管	
		负责客户质量投诉受理	质量管理部经理		质量工程师	品保主管	质量管理部经理	
	外协品质	负责外协工厂品质控制体系审查			体系工程师、质量工程师			
		负责外协工程成品品质检验及不良品处理跟踪			检验班长、质量检验员、计量员	质量工程师	检验主管	质量工程师

表5-6 浙江兴华科技有限公司经营管理部使命、二级职能描述及分解

部门使命	通过推进企业发展战略、商业模式及年度经营计划实施评价、持续优化业务流程及信息系统、保证战略有效落地、经营目标顺利实现								
一级职能	二级职能	三级职能	组织	计划	执行	协助配合	审核审批	分析改进
战略及年度经营计划	企业发展战略	根据市场变化，制定战略规划提案，为战略委员会提交议案与决策支持	经营管理部经理		经营管理部经理	流程经理、绩效经理	战略委员会	经营管理部经理
		根据公司战略规划，负责战略分解落地及实施跟踪			绩效经理	经营管理部经理	战略委员会	绩效经理
	商业模式	负责持续研究评估本行业及公司现行商业模式，提出现有商业模式改善议案	经营管理部经理		经营管理部经理	流程经理、绩效经理	战略委员会	经营管理部经理
		根据新业态、新业务归纳、定义商业模式	经营管理部经理		经营管理部经理	流程经理、绩效经理	战略委员会	经营管理部经理
	年度经营计划	负责组织年度经营计划的内外部经营环境、外部竞争态势及策略等研讨及信息收集	经营管理部经理	经营管理部经理	绩效经理		经营管理部经理	
		梳理整合年度经营计划关键工作事项	经营管理部经理	经营管理部经理	绩效经理		经营管理部经理	
		负责组织公司战略地图及BSC的编制	战略委员会	经营管理部经理	经营管理部经理	绩效经理	战略委员会	经营管理部经理
		组织制定公司级年度经营预算，协助部门年度业务计划制订	绩效经理	绩效经理	绩效经理	经营管理部经理	战略委员会	绩效经理
		负责编制中心及部门业务目标责任书	绩效经理	绩效经理	绩效经理	经营管理部经理	战略委员会	绩效经理

续表

部门使命	通过推进企业发展战略、商业模式及年度经营计划实施评价、持续优化业务流程及信息化系统，保证战略有效落地，经营目标顺利实现								
一级职能	二级职能	三级职能	组织	计划	执行	协助配合	审核/审批	分析改进
战略及年度经营计划	年度经营计划	负责组织年度经营计划誓师大会	战略委员会		经营管理部经理	绩效经理		
		负责年度经营计划实施平台建设	战略委员会	经营管理部经理	经营管理部经理	绩效经理	战略委员会	经营管理部经理
		负责年度经营计划关键工作事项的数据收集、跟踪、评价	绩效经理		绩效经理	经营管理部经理	战略委员会	经营管理部经理
		组织月度总结、季度总结、年度评价经营会议	战略委员会	经营管理部经理	经营管理部经理	绩效经理	战略委员会	经营管理部经理
		负责对年度经营计划相关指标进行纠偏调整等经营与优化	战略委员会	经营管理部经理	经营管理部经理	绩效经理	战略委员会	经营管理部经理
	年度流程及IT建设计划	负责编制公司年度流程梳理、优化计划	经营管理部经理		流程经理	流程经理	经营管理部经理	流程经理
		负责编制年度IT及信息系统建设计划			IT工程师	流程经理	经营管理部经理	IT工程师
	年度经营预算	根据经营预算规范及目标，负责预算编制			IT工程师	流程经理	经营管理部经理	IT工程师
		负责年度信息化相关费用预算控制及预算外、超预算支出报审			IT工程师	流程经理	经营管理部经理	IT工程师
组织与HR	绩效管理	根据公司绩效管理体系，负责公司、部门绩效考核表编制	绩效经理		绩效经理	绩效经理	经营管理部经理	
		负责公司、部门绩效数据收集及考核			绩效经理	绩效经理	经营管理部经理	

部门使命			通过推进企业发展战略、商业模式及年度经营计划实施评价，持续优化业务流程及信息化系统，保证战略有效落地，经营目标顺利实现						
一级职能	二级职能	三级职能	组织	计划	执行	协助配合	审核/审批	分析改进
流程与信息化	流程规划	分析公司业务特性、市场竞争态势及公司战略，评估流程运行效率、成本、有效性			流程经理、流程专员	绩效经理	经营管理部经理	流程经理
		识别、定义、梳理流程清单，制定年度流程建设规划			流程经理、流程专员	绩效经理	经营管理部经理	流程经理
	流程实施	负责流程优化与再造计划实施	流程经理	流程经理	流程经理	流程专员	经营管理部经理	流程经理
		负责流程配套体系设计	流程经理	流程经理	流程经理	流程专员	经营管理部经理	流程经理
	信息系统实施	根据业务需求，负责信息系统规划、选型	IT工程师		IT工程师	流程经理	经营管理部经理	IT工程师
		负责信息系统实施规划、测试及验收			IT工程师		经营管理部经理	IT工程师
	信息系统集成	根据公司报表体系，负责信息系统集成规划			绩效经理	流程经理、IT工程师	经营管理部经理	
		根据公司经营管理部和财务管理部需求，负责公司业务数据报表的开发		IT工程师	IT工程师	绩效经理、流程经理	经营管理部经理	IT工程师

续表

部门使命：通过推进企业发展战略、商业模式及年度经营计划实施评价，持续优化业务流程及信息化系统，保证战略有效落地，经营目标顺利实现

一级职能	二级职能	三级职能	组织	计划	执行	协助配合	审核/审批	分析改进
	商业智能	负责经营数据智能化设计		IT工程师	IT工程师	绩效经理、流程经理	经营管理部经理	IT工程师
流程与信息化	IT软硬件服务	制定公司IT硬件配置标准			IT工程师		经营管理部经理	IT工程师
		负责IT硬件的采购			IT工程师		经营管理部经理	IT工程师
		负责IT硬件的管理，并做好收发台账			IT工程师		经营管理部经理	IT工程师
		负责IT硬件的日常维护、报废工作			IT工程师		经营管理部经理	IT工程师
		负责IT软件的采购			IT工程师		经营管理部经理	IT工程师
		负责IT软件的日常维护及升级工作			IT工程师		经营管理部经理	IT工程师

表5-7 浙江兴华科技有限公司人力资源部使命、三级职能描述及分解

部门使命			根据公司发展战略及年度经营计划，通过建立和完善人力资源管理体系，实现人力资源有效配置与合理开发，成为公司各部门业务伙伴						
一级职能	二级职能	三级职能	组织	计划	执行	协助配合	审核审批	分析改进
战略及年度经营计划	年度人力资源规划	根据年度经营计划，负责公司人力资源现状盘点	略	略	略	略	略	略
		负责编制人力资源规划报告（数量规划、结构规划、成本规划、素质提升规划、人力资源管理体系提升规划等）	略	略	略	略	略	略
	年度经营预算	根据经营预算规范及目标，负责公司年度人力资源相关费用预算及预算编制	略	略	略	略	略	略
		负责年度人力资源费用预算控制及预算外、超预算支出报审	略	略	略	略	略	略
组织及HR	组织管理	根据公司业务蓝图及年度经营计划，负责公司一级结构的设计与管理	略	略	略	略	略	略
		负责公司各部门二级结构的辅导与审核	略	略	略	略	略	略
		负责各部门使命、三级职能描述、管理幅度设计	略	略	略	略	略	略
		负责公司管理层级、职位族发展矩阵设计	略	略	略	略	略	略
		负责组织公司职位族及职位工作分析，指导与监督各部门定岗定编设置	略	略	略	略	略	略
		负责辅导各部门定期修订和完善岗位说明书	略	略	略	略	略	略
	招聘管理	负责公司人力需求分析与招聘计划的制订	略	略	略	略	略	略
		负责公司招聘渠道的建立与管理（外部招聘渠道、内部招聘渠道）	略	略	略	略	略	略

续表

部门使命：根据公司发展战略及年度经营计划，通过建立和完善人力资源管理体系，实现人力资源有效配置与合理开发，成为公司各部门业务伙伴

一级职能	二级职能	三级职能	组织	计划	执行	协助配合	审核/审批	分析改进
组织及HR	招聘管理	负责组织公司招聘人才信息的收集与人才信息库的建立	略	略	略	略	略	略
		负责组织公司招聘面试题库的建立	略	略	略	略	略	略
		负责新入职员工入职引导及跟踪实施工作	略	略	略	略	略	略
		负责员工的招聘、录用评估、背景调查与管理	略	略	略	略	略	略
		负责员工试用期管理及试用考评	略	略	略	略	略	略
	人才评价	负责公司能力素质模型设计与应用设计	略	略	略	略	略	略
		负责公司关键岗位任职资格标准建立及认证工作	略	略	略	略	略	略
	员工培训与发展	依据公司年度经营计划和具体岗位职需求调查与分析，以及年度培训计划的拟定	略	略	略	略	略	略
		负责内部培训讲师队伍的建设及内部讲师激励政策建立	略	略	略	略	略	略
		根据年度培训计划，公司能力素质模型及岗位任职资格标准等，负责公司培训课程规划，组织培训课件优化	略	略	略	略	略	略
		负责组织公司新员工入职培训及考评管理	略	略	略	略	略	略
		负责组织员工在职培训工作的组织与实施，培训效果的评估和跟踪	略	略	略	略	略	略
		负责各部门委外培训项目的审批和跟踪管理，并组织对外各类培训协议的拟定、签订与跟踪	略	略	略	略	略	略

续表

部门使命：根据公司发展战略及年度经营计划，通过建立和完善人力资源管理体系，实现人力资源有效配置与合理开发，成为公司各部门业务伙伴

一级职能	二级职能	三级职能	组织	计划	执行	协助配合	审核审批	分析改进
组织及HR	员工培训与发展	组织员工参加内部、外部各类技能竞赛及技能奖项申报、评定工作	略	略	略	略	略	略
		负责员工培训档案和资质管理	略	略	略	略	略	略
		负责建立健全公司的知识管理系统，对知识管理进行收集、分类、推广、维护	略	略	略	略	略	略
	绩效管理	负责公司目标绩效管理体系建设和优化	略	略	略	略	略	略
		负责辅导各部门员工考核表编制，督导部门负责人制订岗位绩效实施计划	略	略	略	略	略	略
		负责督导各部门组织员工考核过程实施（评价、统计汇总等）	略	略	略	略	略	略
		监督各部门负责人进行绩效面谈，以及个人绩效改进计划的制订和实施	略	略	略	略	略	略
	薪酬与激励	负责公司薪酬福利管理体系建设和优化	略	略	略	略	略	略
		负责公司人工成本（工资、奖金、福利等）预算和实施方案制订、督导	略	略	略	略	略	略
		负责工资核算和奖金考核核算工作	略	略	略	略	略	略
		负责员工薪酬核定、调整实施	略	略	略	略	略	略
		负责员工福利的制订及实施	略	略	略	略	略	略
		负责员工社保、公积金办理	略	略	略	略	略	略
		负责制订和完善公司员工中长期激励体系	略	略	略	略	略	略

续表

部门使命	一级职能	二级职能	三级职能	组织	计划	执行	协助配合	审核审批	分析改进
根据公司发展战略及年度经营计划，通过建立和完善人力资源管理体系，实现人力资源有效配置与合理开发，成为公司各部门业务伙伴	组织及HR	企业文化	组织建立公司文化规划方案并推行	略	略	略	略	略	略
			负责公司证件卡、工作服、标志标识等VI基础应用的联系设计与制作	略	略	略	略	略	略
			负责根据公司理念文化起草各种宣传、学习文件，组织相关文体活动	略	略	略	略	略	略
			负责对员工进行企业文化知识的培训与宣贯	略	略	略	略	略	略
			负责公司员工行为文化建设，监督员工各种行为，确保员工各种行为规范符合公司员工行为准则	略	略	略	略	略	略
			负责员工晋级任命通知的起草、报审及发布	略	略	略	略	略	略
		人事事务	负责员工的入职、转正、晋升、降级、平级调动、离职、辞退、退休等人事手续的办理	略	略	略	略	略	略
			负责公司核心员工的离职面谈、分析流失原因，提出应对措施	略	略	略	略	略	略
			负责公司劳动合同、保密协议、竞业协议签订、续签、中止、终止、返聘管理	略	略	略	略	略	略
			负责员工的日常业务办理、劳动关系答疑	略	略	略	略	略	略
			负责员工工伤动伤残的申报、鉴定及善后协商处理工作	略	略	略	略	略	略
			负责劳动纠纷、诉讼事务等劳资关系的处理	略	略	略	略	略	略
			负责公司人事档案管理，提供人力资源信息及分析报告	略	略	略	略	略	略

续表

部门使命	根据公司发展战略及年度经营计划，通过建立和完善人力资源管理体系，实现人力资源有效配置与合理开发，成为公司各部门业务伙伴								
一级职能	二级职能	三级职能	组织	计划	执行	协助配合	审核/审批	分析改进
组织及HR	人事事务	负责人事系统的信息录入、维护、更新、报表导出等动态管理工作	略	略	略	略	略	略
		负责考勤设施布局与管理	略	略	略	略	略	略
		负责员工考勤、休假的监督管理工作	略	略	略	略	略	略
EHS	职业健康	负责员工职业健康教育、防护工作	略	略	略	略	略	略
资源管理	智力资源管理	负责外部培训资源开发与管理	略	略	略	略	略	略
		负责外部其他智力资源开发与管理	略	略	略	略	略	略

第六章

职位体系设计

一、工作分析

二、岗位说明书

三、胜任力与任职资格

四、工作饱和度分析

五、定岗、定编与定员

一、工作分析

职位体系是企业责任机制的末端，其设计的依据是部门职能。在前文提到的部门二级结构设计、部门职能规划及三级职能描述的过程中，企业虽然已经规划了每个部门具体设置的岗位以及每个岗位的具体负责的工作，但这些岗位设置是否合理，岗位职责是否明确，履行每项职责需要具体哪些条件，完成某个岗位的工作需要几个人。要回答这些问题，企业还需要组织工作分析、岗位说明。

1. 什么是工作分析

工作分析是指对岗位涉及各项工作的性质、任务、责任、相互关系以及任职人员的知识、技能、条件进行系统调查和研究分析，以科学系统地描述并做出规范化记录的过程。工作分析可以验证岗位设置的合理性，也为编制岗位说明书提供依据。

工作分析是一种重要而基础的管理工具，需要将部门三级职能分解到岗位上的每一项工作进行系统分析，并清晰回答五个非常重要而基础的问题：

（1）为什么要完成这些工作？

（2）应该如何完成这些工作？

（3）工作将在什么时候完成？

（4）这些工作在哪里完成？

（5）完成这些工作需要哪些条件？

2. 工作分析的核心内容

（1）对工作内容的分析。对工作内容的分析是指对产品（或服务）实现全过程及重要的辅助过程的分析，包括对技术开发、工作步骤、工艺流程、工作规则、工作环境、工作设备、工作参数、辅助手段等相关内容的分析。对工作内容的分析将使组织的工艺、技术、生产及品质控制发挥更加出色的水平，达到工艺简洁、生产高效、技术领先和品质卓越的目的。

确保每一个岗位的工作能够非常出色地完成，需要各种专业知识和技能作为保障，缺少其中任何一项都是难以完成工作的。实际上，大多数岗位如果缺少某种能力几乎是不可能完成工作的，因此，对各岗位提出技能要求成为必然。

岗位需求分析包括经验、能力、学历、专业、年龄、性别和特殊技能分析，通过对其分析形成工作说明书，可以明确该岗位任职的基本标准。

（2）对岗位、部门和组织结构的分析。大多数工作都不可能由一个人单独完成，工作的复杂性、多样性和劳动分工使岗位、部门和组织结构成为必然。不同的行业、不同的产品影响着岗位、部门和组织结构的设置，但企业在特定时期，总有一个组织模型是最适合自己的，对岗位、部门和组织结构的分析包括对岗位名称、岗位内容、部门名称、部门职能、工作量及相互关系等内容的分析。

对工作岗位、部门和组织结构的分析将使组织发挥系统和平衡的功能，达到分工合理、简洁高效和工作顺畅的目的。

（3）对员工的分析。包括对员工年龄、性别、爱好、经验、知识和技能等各方面的分析，通过分析有助于把握和了解员工的知识结构、兴趣爱好和职业倾向等内容。在此基础上，企业可以根据员工的实际现状合理规划其职业生涯，并在员工成长过程中将其安排到最适合他特点的工作岗位上，达到人尽其才的目的。

在瞬息万变的工作环境中，一个科学的工作分析系统是至关重要的。新的工作不断产生，旧的工作要重新设计。参考一份前几年所做的工作分析资料，我们就会发现与现实不相符合的很多信息，但重要的是，工作分析可以帮助企业发现环境正在不断变化这一事实。

3. 常用工作分析的方法

正因为如此，系统掌握工作分析的工具和方法也是非常重要的，常见的工作分析方法有：

（1）职位问卷分析法。职位问卷分析法主要用于定量分析。由于问卷是事先设计好的，因此分析过程的标准化程度很高，避免了主观和人为因素对信息收集过程的影响。职位问卷分析法既科学合理又快捷方便，可以非常直接地获取大量的信息，而且信息内容具体、详细、指向性强，这是其他分析法所不具备的优点。

职位问卷分析法的主要特点在于，它将工作科学合理地分解成多个基本领域并提供了一种可以量化评价的分数顺序或顺序轮廓。其真正优势在于它对工作进行了等级划分，对工作职责及工作内容中所包含的决策活动、技能活动、身体活动、设备操作活动以及信息加工活动等每一项工作都分别分配了一个量化的分数，使用起来非常简单和便捷。

采用职位分析问卷开展具体调查活动前，一般需要对被调查人员进行必要的讲解和培训，使被调查人员对分析问卷的内容和要求完全明白后才填写。也只有这样，才能通过调查收集到各种有用的数据和资料。如果调查的面非常广、人数非常多，也可以将调查的各项说明及要求写在问卷的题头上，让被调查人员阅读明白后再填写具体内容。

（2）工作日写实法。工作日写实法是对员工整个工作日的工时利用情况，按实际时间消耗的顺序进行观察、记录和分析的一种方法。

工作日写实根据观察对象和目的常见的有个人工作日写实、工作小组工作日写实、自我工作日写实和特殊工作日写实。

工作日写实包括三个主要步骤：第一是写实前准备，第二是实际观察记录，第三是整理分析。写实前应做好准备。首先，是选择合理的写实对象，为了分析和改进工时利用的情况，找出工时损失的原因，应选择优秀、普通和表现较差的三组员工对象分别写实，便于分析和比较。其次，要充分了解写实对象的工作地情况，如设备、工具、劳动组织、工作地布置、工人技术等级、工龄、工种等。

进入实际的写实观察记录时，应从工作上班的时间开始记录，一直到下班结束。将整个工作日的工时消耗毫无遗漏地记录下来，以保证写实资料的完整性。在观察记录过程中，写实人员要集中精力，在员工的配合下，按顺序判明每项活动的性质，并简明扼要地记录每一事项及起止时间。

完成实际的写实观察记录后，应对写实资料进行整理和分析：计算各活动事项消耗的时间；对所有观察事项进行分类，通过汇总计算出每一类工时的合计数、编制工作日写实汇总表；在分析研究各类工时消耗的基础上，分别计算出每类工时消耗占全部工作时间和占作业时间的比重；拟定各项改进工时利用的技术组织措施，计算通过实施技术组织措施后，可能提高劳动生产率的程度等，最后再根据写实结果写出写实分析报告。

（3）测时法。测时法是以工序或某一作业为对象，按照操作顺序进行实地观察、记录、测量和研究工时消耗的一种方法。测时法与工作日写实法一样，也是进行工时研究的一种有效方法，但又有许多不同之处。首先，两者的范围是不同的，工作日写实是以整个工作日为对象，进行总体观察，而测时只是研究某一工序或作业的工时消耗情况。其次，工作日写实的根本目的是掌握工作时间的构成，减少工时损失，为提高工作效率提供依据；而测时主要是为了找出工序作业时间内各项操作的正常工时消耗值，为制定工时定额提供依据。

开展测时工作前，测时人员应对被测试的对象进行选择。选择的对象应该具有代表性，一般应选择那些在经验、技能和熟练程度上都比较出色的员工作为被测时的对象，经验、技能和操作水平较差的员工，对其测时的数据没有代表性，所以在选择时应非常慎重。

同时，在开展测时工作前，测时人员还应对可能影响测时结果的各种因素进行识别，找出影响测时结果的各种因素，并采取一定的措施排除这些因素，使测时过程科学合理并能够完全受控。如果一些因素不能有效地在测时工作前排除掉，测时人员应分析其对测时结果影响的广度和深度，并找到解决这些因素的对策。通常这些因素会包括工作流程、工作现场及设备、工具、物料以及工作环境等。

（4）工作抽样法。工作抽样法是统计抽样法在岗位调查中的具体应用，它是根据概率和数理统计学的原理，对工作岗位随机地进行抽样调查，再利用抽样调查得到的数据资料对总体状况做出推断的一种方法。和其他的工作分析方法相比，工作抽样法的特点是调查时间短、次数多，测试人员不必整天连续待在工作现场进行观察，但需要一个较长的时间周期来完成整个抽样工作。

工作抽样法和其他工作分析法一样，只要遵守随机性的原则，且保证有足够的抽样观察次数，抽样的结果一样具有较高的可靠性和精确度。

对于工作抽样法，应按照以下步骤开展：

①明确调查目的。进行工作抽样首先要明确调查的目的，然后才能确定调查对象和范围，确定工作抽样所应达到的可靠度和精确度。

②作业活动分类。对被观察对象的活动进行适当的分类，以便正确地进行观测记录和事后的汇总和整理、统计分析。调查员工工作情况时，一般按照工时消耗的性质分类；调查设备的运行状况时，一般以停机时间的原因进行分类。

③确定观测次数。观测次数就是工作抽样的样本数。抽取样本数越少，所得到的结果的准确性、可靠性就越低，对总体的代表性也就越差；反之，对总体的代表性就越强。大量的实验数据表明，要掌握员工在工作过程中工时的利用情况，需要观测 1000 ～ 2000 次；要测定机器的工时利用率，需要观测

3000 ～ 5000 次；要测定某项工作的标准工时，需要观测 5000 ～ 8000 次。

④确定观测的时机。观测时刻选择是否得当，关系到观测结果的可靠性和精确度。观测时刻的确定必须遵从随机的原则。一般工作周期较短的工作，尽可能在几个工作日内完成；工作周期较长的工作，则控制在几个月内完成。

⑤现场观测。进行现场观测时不需要使用秒表或其他计时工具，当观测人员按预先设定好的路线达到规定的观测位置时，应像摄像机一样，将一瞬间观察到的工作内容记录到调查记录表中。至于调查对象在一瞬间之前或之后在从事什么活动则不必去管它。

⑥检验抽样数据。完成全部观测以后，需检验全部抽样的结果。检验的方法是：首先计算出所调查的主要事项的发生率，然后分别计算出上下线控制界限。

⑦评价最后抽样结果。计算出所有分类事项的发生次数及发生率后，应结合观察到的现场情况，做出必要的分析评价和说明，以便采取措施，改进工作程序和方法。

（5）访谈法。访谈法是一种互动性和目的指向性都很强的工作分析方法，通过工作分析人员对员工进行引导性的提问和交流，获取对工作分析有帮助的各种直接信息和间接信息。和其他所有工作分析法相比，访谈法的最大优点就是简便快捷、信息量大而且非常直接和真实，工作分析人员几乎可以通过面谈技巧获得工作分析所需要的任何信息。但同时，访谈法对工作分析人员的专业技能也提出了较高的要求：一个善于交流沟通和引导别人谈话的工作分析人员可以在很短的时间内获得他想要的全部信息；而一个专业技能较差、缺乏经验的工作分析人员可能花上一整天也难有收获。

为提高访谈法的效果，工作分析人员应事先对约谈的对象进行一定了解，包括行业特点、人员素质、企业现状等，然后在此基础上拟订一个面谈提纲，确保面谈的质量和效果。

（6）关键事件分析法。关键事件分析法是指工作分析的调查人员、本岗位员工或与本岗位有关的员工，将劳动过程中的"关键事件"加以记录，在大量收集信息之后，对岗位的特征和要求进行分析研究的方法。这里的关键事件是指在劳动过程中，给工作造成显着影响的事件。通常关键事件对工作的结果有决定性的影响，基本决定了工作的成功与失败、盈利与亏损、高效与低能。

运用关键事件分析法进行工作分析，其重点是对岗位关键事件的识别，这给工作分析人员提出了非常高的要求。和其他工作分析的方法相比，这种方法的最大特点是简单快捷并能获得非常真实可靠的资料，但由于工作分析人员本身对行业的熟悉程度不够，加上专业知识和技术方面的局限性，关键事件分析法运用起来将比较困难。

关键事件分析法需要技术专家型的工作分析人员，一般非本行业及对本行业专业技术了解不深的工作分析人员很难在短时间内识别清楚该岗位的关键事件是什么，如果在识别关键事件时出现偏差，将会对工作分析的整个结果带来巨大影响。

工作分析的各种数据实际上对组织结构管理、人力资源管理的每一个方面都有帮助，而且是最基础的帮助。在组织结构管理和人力资源管理的大部分活动中，几乎每一个方面都涉及工作分析所取得的成果，工作分析是整个企业组织结构管理和人力资源管理的基础平台，是企业实施全面管理的前提。

美国著名学者怀特先生说："当今企业管理的大部分工作是建立在工作分析这个基础之上的，不可缺少。一个企业的工作分析评价是否科学合理，在很大程度上决定了这个企业的管理水平。"

二、 岗位说明书

工作分析的直接结果之一是形成岗位说明书。假如我们把企业中的岗位当作一种逻辑上的"产品"，那么岗位说明书就是这个"产品"的说明书。也就是说，岗位说明书应该首先讲清楚这个岗位的"标准"，其次应该讲清楚它的"功能"。

需要特别提醒的是：岗位说明书不是人事管理人员或人力资源经理拍脑袋想出来的，而是在部门三级职能分解及工作分析的基础上，根据实际状况科学设计的。在这一阶段中，工作分析人员需要投入大量的时间对收集到的各种信息和资料进行研究，必要时还需要借助计算机、分析软件等辅助工具进行统计和分析。

1. 岗位说明书的构成

岗位说明书的实质是通过工作分析这一工具，对企业各类岗位的工作性质、任务、责任、权限、工作内容和方法、工作环境和工作条件，以及岗位名称、编号、层级和该岗位资格条件、知识要求、职业道德、能力要求、身体条件、岗位考核项目和标准等做出统一的规定。

一般情况下，岗位说明书是由岗位基本信息、岗位使命、岗位职责、岗位发展路径、岗位任职资格等构成，如图 6-1 所示。

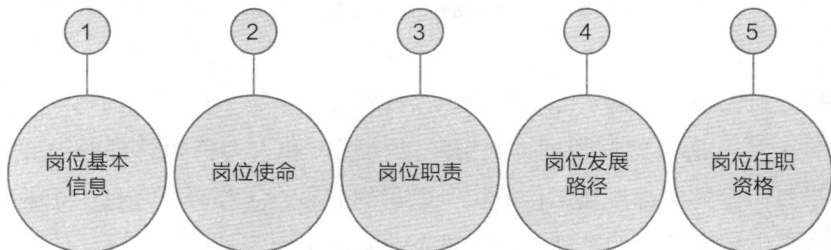

图6-1　岗位说明书的基本构成

（1）岗位基本信息，主要是通过岗位名称、编号、岗位等级、所属部门、职族类别、直接上级、直接下级、岗位编制等，形成岗位的基本信息，以便对岗位在组织中的位置与类别进行标识。

（2）岗位使命，就是岗位在组织中预期的责任和最高追求目标。

（3）岗位职责，主要指该岗位需要承接的工作内容。为了有利于员工读懂并开展工作，我们的做法是将每项职责对应流程／制度、工作输出也一并在此交代清楚。

（4）岗位发展路径，是指岗位横向轮岗及纵向发展的路径，岗位发展路径在本书第七章将详细描述。

（5）岗位任职资格，是指为了完成工作，取得好的工作绩效，任职者所需具备的基本要求、经验、知识、技能以及职业素养等要求。

当然，并不是所有企业在编写岗位说明书的时候都需要对这些要素一一说明。企业也可以根据自己的实际需要，对岗位说明书的构成要素进行增减，比如有些企业的岗位说明书还包括岗位权限、工作汇报关系、部门组织结构等。表 6-1 是岗位说明书模板。

表6-1　岗位说明书（模板）

××公司 岗位说明书	岗位名称		所属部门		所属中心	
	岗位层级		职族类别		岗位编制	
	直接上级		直接下级		岗位编号	
岗位使命						
岗位职责						
一级职责	二级职责		对应流程/制度		工作输出	
岗位发展路径						
横向轮岗			纵向发展			
任职资格						
基本任职资格						
经验	工作经验					
	行业经验					
	岗位经验					
知识	基本知识					
	专业知识					
能力	基本能力					
	核心能力					
素养	基本素养					
	核心素养					

2. 岗位说明书编写

（1）岗位基本信息编写。岗位基本信息是企业内部对某一个岗位的基本标识，通常情况下，每个岗位在企业内部都是独一无二的，为了区别不同部门内部的岗位，我们需要对每个岗位的基本信息进行描述。表6-2是岗位基本信息编写技巧。

表6-2　岗位基本信息编写技巧

内容	编写说明
岗位名称	指一个具体岗位的名称，岗位名称需要标准化和统一化，比如人力资源经理、采购员等
所属部门	本岗位直属的部门名称，比如品牌经理所属部门是品牌市场部

续表

内容	编写说明
所属中心	本岗位直属的中心名称，比如品牌经理所属部门是品牌市场部，而品牌市场部又属于营销中心
岗位层级	岗位在公司组织结构中所处的层级，比如公司经理的岗位等级是B，主管的岗位等级是C
职族类别	岗位的职族类别，比如人力资源经理属于管理职位族
岗位编制	是指该岗位允许配置的员工数量
直接上级	岗位在组织结构图中的直接行政领导的岗位名称，比如人事管理员的直接上级是人力资源经理
直接下级	岗位在组织结构图中的直接管理下级的岗位名称，比如人力资源经理的直接下级是培训管理员、薪酬管理员、保险管理员等
岗位编号	岗位在公司的唯一性编号，具体编号规则由企业自己定义

（2）岗位使命编写。岗位使命与部门使命一样，是通过高度概括的语言将该岗位的核心职责、存在的根本目的及对公司的贡献和价值表现出来，这是与企业文化的重要接口。岗位使命可以按照"根据……通过……达到……"的格式进行描述。

（3）岗位职责编写。岗位职责是指本岗位在组织中所涉及的工作领域与具体工作内容及与工作职责对应的各种管理权限和获得各种信息和资源的权限等。

岗位职责主要来源于部门职能，在【案例5-3】中，表5-3～表5-7分别对浙江兴华科技有限公司品牌与市场部、研发设计部、质量管理部、经营管理部及人力资源部三级职能进行了详细地描述，并按照组织、计划、执行、协助配合、审核或审批、分析改进六个环节对每一项三级职能进行了分解，描述岗位职责之后只需要将对应岗位筛选出来即可。

有些企业在岗位职责描述的时候还会将每项岗位职责对应的指引流程、规章制度、表单文件及工作输出同步加以描述，这样更便于履职者快速理解岗位职责，进入工作状态。

（4）岗位发展路径编写。岗位发展路径需要明确每个岗位在公司内部横向轮岗及纵向发展的相关岗位，如人力资源部经理可以横向轮岗去做行政管理部经理、经营管理部经理，也可以纵向发展到管理中心总监，关于岗位发展路径在本书第七章详细阐述，企业在编写岗位说明书的时候只需要按照职位发展规划填写即可。

（5）岗位任职资格编写。岗位任职资格是驱动员工产生优秀工作绩效的各种显性和隐性特征的集合，它反映的是员工以不同方式所表现出来的知识、技能、素养等。

岗位任职资格一般包括基本要求、知识、技能和素养四部分，其中基本要求是指岗位对任职者的最低要求，包括学历、专业、性别、职业资格证书等；知识是指一个人在一个特定领域所拥有的各种信息的总和；技能是指结构化运用知识执行某项有形或无形工作的能力；素养是指员工行为对外部环境及各种信息所表现出来的一贯反应，素养可以预测个人长期在无人监管下的工作状态。

关于岗位任职资格编写，可以参考本章第三部分内容。

3. 岗位说明书动态维护

通过岗位说明书的编写，企业就可以将所有的职能都分解到相关岗位上去了，正所谓"人人有事做"。岗位说明书是相对静态的指导文件，但是其内涵却是动态发展的，从岗位基本信息、岗位使命到岗位职责、任职资格，都会随着企业战略、组织模式、市场环境和人力资源状况的变化而调整，如果调整不及时，岗位说明书对工作的指导意义则越来越不明显，同时也就失去了岗位说明书本身的价值所在，所以，岗位说明书的动态维护非常重要。

一般情况下，当岗位职责内容或范围有变动时、成立新的部门或增设新的岗位时，以及公司的组织结构有重大调整时，人力资源管理部门都需要及时组织对岗位说明书进行修订或重新编写，以适应企业发展需要。

【案例 6-1】浙江兴华科技有限公司岗位说明案例（表 6-3 ～表 6-5）展示

表6-3　浙江兴华科技有限公司品牌与市场部经理岗位说明书

兴华科技岗位说明书					
岗位名称	品牌与市场部经理	所属部门	品牌与市场部	所属中心	营销中心
岗位层级	B	职族类别	管理职位族	岗位编制	1
直接上级	营销中心副总经理	直接下级	品牌经理、市场推广专员、市场调查专员	岗位编号	YX-PS-01
岗位使命	通过研究市场行业大环境，分析现有目标消费群体与竞争者，为销售部门提供准确的市场信息，同时着力打造公司精品品牌形象，助力销售业绩提升				
岗位职责					
一级职责	二级职责		支持文件或指引	工作输出	
年度品牌及市场推广计划	根据年度销售目标，组织年度品牌及市场推广计划编制			《年度品牌及市场推广计划》	
年度经营预算	负责年度品牌推广、市场推广相关费用预算控制及预算审，超预算支出报审		《预算管理流程》	《品牌推广、市场推广费用预算》	
	负责计划及审核对全国各销售分公司分类，有选择性的走访，深入了解其发展及其问题，提供出差报告		《市场调研流程》	《销售分公司走访报告》	
	负责积极参加各行业展会，收集市场信息，提供展会报告			《行业展会报告》	
	负责与重点行业协会人员定期交流沟通，参加行业协会内部会议研讨，增强与行业协会、同行之间联系，提供访谈报告			《行业协会访谈报告》	
产品市场调研	负责计划、协助及审批对重点项目进行跟踪访谈，提交访谈报告			《重点项目访谈报告》	

续表

一级职责	二级职责	支持文件或指引	工作输出
需求管理	负责通过调查与走访等手段，收集市场各行业最新发展方向	《新产品开发流程》	《行业市场发展报告》
	负责提供新产品开发市场反馈信息报告		《新产品市场反馈报告》
	负责组织销售条线预估新产品销售价格及销售额、进度时间表等		《新产品预估信息表》
生命周期管理	负责公司产品生命周期分析、终止策划及实施	《产品生命周期管理流程》	
品牌推广	负责组织、执行并分析改进公司各部门进行品牌建设计划研讨	《品牌宣传流程》	《品牌建设计划书》
	负责组织、执行并分析改进编写品牌建设策划书		《品牌建设策划书》
	负责利用网络平台定期在百度百科、百度知道、知乎等平台进行软文营销，树立公司形象		《年度软文营销规划报告》
	负责定期跟踪并各网络平台、纸媒、社媒等宣传媒介建立良好关系		
市场推广	负责计划及审核收集并提供全行业展会信息列表	《市场推广流程》	《行业展会信息表》
	负责选择重点展会进行现场推广		《重点展会推广表》
	负责利用网络平台进行公司品牌推广		《品牌推广总结》
	负责组织并分析改进市场物料管理	《市场物料管理流程》	
	负责对经销商及销售员进行市场培训		《市场培训课件》

续表

岗位职责			
一级职责	二级职责	支持文件或指引	工作输出
部门流程制度建设	根据业务蓝图及规范化管理要求、规划部门归口流程、制度及表单	《流程管理流程》	《部门流程分册》
	负责组织部门进行归口流程、制度及表单起草、会审及实施效果评估的计划及执行，并做好审核工作		
	部门进行归口流程、制度及表单年度换版及优化工作，并做好审核		《部门流程分册》
部门体系维护	负责组织本部门更新维护管理体系及相关记录并审核		《管理体系汇编》
	组织参与涉及本部门的二、三方审核工作，跟踪整改职责范围内的不符合项并建议和建议并做好审核工作		
部门目标管理	负责部门年度目标责任书KPI及关键事项分解及实施	《绩效管理制度》	《年度目标责任书》
	根据公司绩效管理制度及部门年度目标责任书，负责部门内部员工目标及关键事项达成状况评估		《目标及关键事项达成状况》
部门计划管理	负责部门员工工作计划的制定、实施及评价	《计划管理流程》	《部门工作计划》
部门员工管理	负责部门员工的招聘面试、使用管理及选拔工作	《招聘管理流程》	
	负责本级培训计划制定、实施及效果评估并持续改进		《部门培训计划》
	结合岗位任职要求，负责对本部门员工进行系统性的培训、提升部门员工适岗率并持续改进	《薪酬管理制度》	
	负责部门员工激励规则的制定和实施并持续改进		
	根据公司员工手册及奖惩制度，负责部门员工奖惩管理	《员工手册》	

续表

一级职责	二级职责	岗位职责	
		支持文件或指引	工作输出
部门安全管理	负责部门员工安全教育		
	负责部门安全措施管理、安全源识别与预防、配合安全部门进行安全事故调查及处理	《安全管理制度》	《安全事故调查报告》
部门信息化管理	根据部门流程管理需求，提出部门信息化建设规划		《部门信息化建设计划》
	配合信息部门完成部门流程信息化调研、开发与实施		
	监督部门信息化实施状况并提出优化意见		
	负责本部门员工上网行为管理		
部门成本管理	根据公司预算管理制度、负责部门年度成本预算编制		
	负责部门成本预算控制、审批	《超预算、预算外项目审批流程》	
	负责部门超预算、预算外项目报批及处理		
	负责部门降本节流项目识别与实施		
部门资产管理	负责审核部门归口资产申购、验收工作	《固定资产管理制度》	
	负责审核本部门归口资产日常维护与管理工作		
部门氛围建设	宣导公司文化、提高部门员工的凝聚力和活力	《企业文化建设流程》	
	负责部门员工行为文化建设、引导员工行为、确保员工行为规范符合公司、部门相关要求		《部门文化建设记录》

岗位发展通道			
可转换岗位	国内销售部经理、国际贸易经理、销售管理经理、售后服务经理	可晋升岗位	营销中心副总经理

续表

岗位任职资格		
基本任职要求	学历	本科
	专业	营销/工商管理
	资格证书	英语四级
经验	工作经验	5~8年
	行业经验	3~5年
	岗位经验	1~3年
知识	基本知识	公司文化、制度与流程、产品知识、行业基础知识
	专业知识	战略管理知识、项目管理知识、组织管理知识、流程管理知识、人力资源管理知识、财务管理知识、市场营销知识、客户服务知识、体系管理知识
能力	基本能力	沟通能力4级、人际交往能力4级、分析判断能力4级、口头表达能力4级、书面表达能力4级、执行能力3级、谈判能力3级、学习能力3级、解决问题能力3级、计算机应用能力2级
	核心能力	领导能力4级、决策能力4级、文化传播能力4级、目标与计划管理能力3级、组织协调能力3级、过程监控能力3级、团队建设能力3级、创新能力3级
素养	基本素养	敬业精神3级、责任心4级、诚信3级、团队精神4级、服务意识4级、流程意识3级
	核心素养	战略意识3级、大局意识4级、创新意识3级、结果导向3级

表6-4　浙江兴华科技有限公司主任工程师岗位说明书

兴华科技岗位说明书	岗位名称	研发主任工程师	所属部门	研发设计部	所属中心	技术中心
	岗位层级	B	职族类列	技术职位族	岗位编制	1
	直接上级	研发设计部经理	直接下级	无	岗位编号	JS-YF-02
岗位使命	协助部门经理建立健全新品研发体系，提升新品研发效率与成功率					

岗位职责

一级职责	二级职责	支持文件或指引	工作输出
年度研发计划	根据年度研发需求，负责编制年度产品研发计划		《年度研发计划》
年度经营预算	根据经营预算规范及目标，负责公司年度产品研发相关费用预算编制	《预算管理流程》	《年度研发预算》
	负责年度产品研发相关费用预算控制及预算，超预算支出报审		
市场调研	配合市场部进行产品市场数据调研	《市场调研流程》	
市场需求管理	负责对产品行业分布、需求量进行分析与管理		《产品市场需求分析报告》
产品线系列规划	负责对新产品系列的规划	《产品规划流程》	《产品研发路线图》
产品定义	负责新产品质量价格的定位和规划	《新产品定义流程》	《产品定义书》
	负责新产品价格的定位提出建议		
新品开发	负责执行设计新产品的图纸	《新产品开发流程》	
	负责建立新产品的技术文件、数据		
	负责产品样本初稿的编写		
	负责产品使用说明书的编写		
新品试制	负责对新产品进行小批量试制和型式试验	《新产品试制流程》	
	负责组织对新产品的评价		

续表

岗位职责			
一级职责	二级职责	支持文件或指引	工作输出
项目及开发	负责对项目的可行性分析	《项目管理流程》	
	负责对项目开发的全程跟踪管理		
	负责对项目开发的进程进行分析和确定		
技术服务	负责对有较大疑难杂症的售后问题的解答	《技术支持流程》	
研发资源管理	负责外部研发资源开发、对接，以及与外部研发资源合作项目跟进		
部门流程制度建设	根据公司业务蓝图及规范化管理要求，协助上级领导对部门归口流程、制度及表单进行优化工作	《流程管理流程》	
	负责部门归口流程、制度及表单年度换版及优化		
部门体系维护	负责协助上级领导更新维护本部门管理体系及相关记录		
	参与涉及本部门的二、三方审核，负责跟踪整改本部门职责范围内的不符合项的整改项和建议项		
部门计划管理	负责部门及部门员工工作计划的制订、实施及评价	《计划管理流程》	
部门安全管理	负责部门安全措施管理、安全源识别与预防，配合安全部门进行部门安全事故调查及处理	《安全管理制度》	
预算管理	根据公司预算管理制度，协助部门进行年度成本（费用）预算编制	《预算管理流程》	

岗位发展通道	
可转换岗位	基础研究部经理、研发设计部经理、工程技术部经理、制造部经理、质量管理部经理
可晋升岗位	副总工程师

续表

岗位任职资格

基本任职要求	学历	本科
	专业	机械设计与制造、工业自动化
	资格证书	技术等级证书
经验	工作经验	8～10年
	行业经验	5～8年
	岗位经验	5～8年
知识	基本知识	公司文化、制度与流程、公司产品知识、行业基础知识
	专业知识	项目管理知识、流程管理知识、机械设计知识、档案管理知识、体系管理知识
能力	基本能力	学习能力4级、计算机应用能力4级、执行能力3级、沟通能力3级、人际交往能力3级、解决问题能力3级、分析判断能力3级、谈判能力2级、口头表达能力32级、书面表达能力2级
	核心能力	创新能力3级、领导能力2级、决策能力2级、目标与计划管理能力2级、组织协调能力2级、过程监控能力2级、文化传播能力2级、团队建设能力2级
素养	基本素养	敬业精神3级、责任心3级、诚信3级、团队精神3级、服务意识3级、流程意识3级、安全意识3级、质量意识4级
	核心素养	战略意识2级、大局意识3级、创新意识4级、结果导向3级

表6-5 浙江兴华科技有限公司招聘培训专员岗位说明书

兴华科技岗位说明书	岗位名称	招聘培训专员	所属部门	人力资源部	所属中心	管理中心
	岗位层级	D	职族类列	专业事务职位族	岗位编制	2
	直接上级	人力资源部经理	直接下级	无	岗位编号	GL-RL-03
岗位使命	根据公司招聘及培训计划，有序开展招聘及培训活动，降低岗位空缺率，提升员工适岗率					
岗位职责						
一级职责	二级职责		支持文件或指引		工作输出	
招聘管理	根据公司年度人力资源规划，负责编制年度及临时性招聘计划，经公司总经理批准后组织实施		《年度人力资源规划》		《年度招聘计划》	
	协助人力资源部经理建立公司招聘体系		《招聘管理流程》			
	协助公司人力资源需求的分析与招聘计划的制订				《月度招聘计划》	
	协助人事经理组织公司招聘考核试题库的建立		《招聘面试题库》			
	负责具体实施内部人员的选拔与配置工作					
	负责公司新入职员工的试用期管理		《试用期员工考核表》			
	对员工配置中出现的问题与不足进行分析改进					
	负责公司招聘人才信息库的建立				《人才信息库》	
	负责公司员工的招聘、选拔、录用、入职、试用的手续办理及评估		《入职管理流程》		《员工档案》	
	负责公司招聘渠道的管理		《招聘渠道合作协议》			

续表

一级职责	二级职责	支持文件或指引	工作输出
培训管理	协助人力资源经理进行公司培训状况的调研和需求分析	《培训需求调查表》《培训管理流程》	《年度培训计划》
	协助人力资源部经理建立公司培训体系		《培训课程体系规划报告》
	负责公司员工培训工作的组织和过程管理	《培训满意度调查表》	《培训效果评估报告》
	负责员工培训档案的建立和完善		《年度员工培训档案》
	负责培训信息资料的收集、筛选及保存		
	负责对员工培训各个环节分析改进，提出改进建议		
其他	完成部门经理交办的其他临时性工作		

岗位发展通道			
可转换岗位	薪酬绩效专员、人事专员	可晋升岗位	人事经理、薪酬绩效经理

岗位任职资格		
基本任职要求	学历	本科
	专业	人力资源管理
	资格证书	技术等级证书
经验	工作经验	3～5年
	行业经验	1～3年
	岗位经验	1～3年

续表

		岗位任职资格
知识	基本知识	公司文化、制度与流程、公司产品知识、行业基础知识
	专业知识	人力资源管理知识
能力	基本能力	执行能力2级、沟通能力3级、谈判能力2级、学习能力2级、解决问题能力1级、计算机应用能力1级、人际交往能力3级、分析判断能力2级、口头表达能力3级、书面表达能力2级
	核心能力	文化传播能力3级、创新能力2级
素养	基本素养	敬业精神2级、责任心2级、诚信2级、团队精神2级、服务意识3级、流程意识1级
	核心素养	创新意识1级、结果导向2级、客户导向1级

三、胜任力与任职资格

在岗位说明书构成项目中，其中一项为岗位任职资格，也就是要承担并有效履行岗位职责需要员工所具备的一些基本要求。

岗位任职资格来源于胜任力模型，虽然长久以来就有很多类似胜任力模型的理论和标准，但在企业管理中真正提出胜任力模型理论的是美国心理学家戴维·C. 麦克利兰在 1973 年一篇名为"Testing competence rather than intelligence"的文章中首次提出的胜任力模型的概念。

早在 20 世纪 50 年代后期，美国政府支持戴维·C. 麦克利兰博士对选拔外交官的方法进行研究，当时的情况是美国新闻总署面临如何选拔新闻总署图书馆及海外文化事务官员的问题，美国新闻总署给麦克利兰博士提出的要求是确定一位杰出美国新闻总署官员需要具备的态度和习惯，以便新闻总署据此测试并选拔更合适的人选。在对不同绩效新闻总署官员分析的基础上，麦克利兰提出，一名优秀外交官员需要具备的一系列能力，如社会敏感性、政治判断力等，这样就形成了美国新闻总署官员的胜任力模型。

后来，麦克利兰博士及大量后来者在经过长期实践的基础上，将胜任力模型继续细化和深度应用，最终演化成"冰山素质模型"。"冰山素质模型"告诉我们，要想使一名员工产生好的工作业绩，"冰山"露出"水面"的部分，包括知识、技能，是容易测量和评价的，企业可以通过教育和训练来改变和提升。而"冰山"隐藏在"水面"以下的部分，包括社会角色、自我意识、个性特征以及动机，则是一个人内在的、难以测量的，这些因素不容易受到外界因素的影响和干扰，但又会对一个人的行为及工作业绩产生巨大的影响。如图 6-2 所示。

其中：

（1）技能是指结构化地运用知识完成某项具体工作的能力，即对某一特定领域所需技术与知识的掌握情况。

（2）知识是指个人在某一特定领域拥有的事实型与经验型信息。

（3）社会角色是指一个人基于态度和价值观的行为方式与风格。

图6-2　麦克利兰冰山素质模型

（4）自我意识是指一个人的态度、价值观和自我印象。

（5）个性特征是指个性、身体特征对环境和各种信息所表现出来的持续反应。

（6）动机是指在一个特定领域的自然而持续的想法和偏好（如成就、亲和、影响力），它们将驱动、引导和决定一个人的外在行动。

1. 企业胜任力模型规划

根据麦克利兰的胜任力模型理论，员工良好的业绩表现，除了一些基本的要求，如学历、专业、经验、性别、专业资格证书等之外，主要取决于三个方面的内容，即员工掌握的知识、员工处理问题的能力和职业素养，三个方面的内容缺一不可。其中：

（1）知识项目可以通过对企业的业务范围分析获得，知识项目包括：公司基本知识、管理专业知识、营销专业知识、财务专业知识、技术专业知识、运营专业知识等。

（2）能力项目可以通过对企业核心能力的识别与分解，以及员工解决本岗位实际问题必须具备的各项能力分析获得。

（3）职业素养项目的来源主要是通过对企业文化、员工职业动机等因素的分析，确定员工的基本行为准则。

【案例 6-2】浙江兴华科技有限公司胜任力模型框架

胜任力模型是驱动员工产生优秀工作绩效的各种显性和隐性特征的集合，它反映的是员工以不同方式所表现出来的经验、知识、能力、职业素养等。

浙江兴华科技有限公司胜任力模型涵盖了公司所有岗位需求的知识、能力、职业素养，另外还补充了各岗位所必需的基本要求，如学历、专业、经验（工作经验、行业经验、岗位经验）、资格证书等，如表 6-6 所示。

表6-6　浙江兴华科技有限公司胜任力模型框架

胜任力纬度		胜任力基本单元	
基本要求	学历	☐初中　☐高中　☐技校　☐中专　☐大专　☐本科　☐硕士　☐博士	
	专业	☐工商管理 ☐管理工程 ☐信息工程 ☐财务管理 ☐会计学 ☐市场营销 ☐国际贸易 ☐人力资源管理 ☐行政管理 ☐物流管理 ☐法律 ☐审计 ☐统计学 ☐工业工程	☐英语 ☐计算机科学与技术 ☐材料工程 ☐化工工程 ☐铸造工程 ☐电气工程 ☐机电一体化 ☐电气工程及自动化 ☐工业设计 ☐机械工程及自动化 ☐机械设计与制造 ☐机电工程 ☐质量工程 ☐其他
	工作经验	☐0~1年　☐1~3年　☐3~5年　☐5~8年　☐8~10年　☐10年以上	
	行业经验	☐0~1年　☐1~3年　☐3~5年　☐5~8年　☐8~10年　☐10年以上	
	岗位经验	☐0~1年　☐1~3年　☐3~5年　☐5~8年　☐8~10年　☐10年以上	
	资格证书	☐会计证　　☐驾驶证　☐电工证　☐焊工证　☐技术等级证书 ☐特种设备作业证　☐报关员证　☐安全员证　☐内审员证　☐其他	
知识	基本知识	公司文化、制度与流程、公司产品（服务）知识、行业基础知识	
	专业知识	战略管理知识、项目管理知识、组织管理知识、流程管理知识、行政管理知识、人力资源管理知识、财务管理知识、市场营销知识、供应链知识、合同管理知识、信息系统管理知识、客户服务知识、机械设计知识、设备管理知识、安全管理知识、审计知识、档案管理知识、计算机软硬件知识、体系管理知识、现场管理知识	

胜任力纬度		胜任力基本单元
能力	基本能力	执行能力、沟通能力、谈判能力、学习能力、解决问题能力、计算机应用能力、人际交往能力、分析判断能力、口头表达能力、书面表达能力
	核心能力	领导能力、决策能力、目标与计划管理能力、组织协调能力、过程监控能力、团队建设能力、文化传播能力、创新能力
职业素养	基本素养	敬业精神、责任心、诚信、团队精神、服务意识、流程意识、安全意识、质量意识、忠诚度、保密意识
	核心素养	战略意识、大局意识、创新意识、结果导向

2. 胜任力项目定义

企业完成胜任力项目规划后，为了避免引起歧义，同时确保胜任力项目适用于不同职位族和职系以及不同管理层级岗位，还需要将能力项目、素养项目进行分级定义，如表6-7、表6-8所示。

表6-7　能力项目分级标准

分级	分级标准
1级	初做者：能够在别人的指导下从事本专业领域内某一单项工作，并随时需要他人帮助
2级	有经验者：能够在别人的指引下从事本专业领域内多项工作，基本上不需要他人指导
3级	骨干：熟悉本专业领域内的大部分工作，基本上可以做到独立操作
4级	专家：能够从事本专业领域内的绝大部分工作，并能够指导别人的工作，对涉及其他相关领域的工作也有所了解
5级	权威：精通本专业领域内的所有工作，不仅仅可以指导别人工作，而且能够根据内部外环境变化，及时采取措施

表6-8　素养项目分级标准

分级	分级标准
1级	自我管理：能够基本按照公司要求，尽心尽职做好本职工作
2级	模范标兵：严格按照公司素养要求开展工作
3级	学习榜样：成为团队成员学习的榜样，典型事件经常被团队内部传颂
4级	团队影响：通过自己的素养表现，影响周边的人按照公司文化行事
5级	企业典范：具有非常好的人格魅力，是公司文化的使者、道德模范，成为企业树立的典范

【案例6-3】浙江兴华科技有限公司部分胜任力项目定义与分级（表6-9～表6-11）

表6-9　浙江兴华科技有限公司胜任力知识项目定义（部分）

知识项目	基本知识定义
公司文化	包括公司发展历史与沿革、现状和未来发展战略、使命与追求、经营目标、经营理念、核心价值观、组织结构等
制度与流程	为了保障公司管理、业务及相关运营活动正常开展的各种制度、流程等文件的总和，包含各部门的流程、制度
产品/服务知识	包括公司提供的产品及服务种类、产品性能、服务模式、技术规范、生产工艺、技术水平等标准化信息的总和
行业基础知识	公司主营业务的市场状况、技术状况、发展态势、竞争对手、国内外行业标杆、国家宏观政策等各种综合性信息的总和
战略管理知识	企业战略管理的基本理论知识（含战略分析、战略选择、战略实施、战略监控）、方法论、工具等知识的总和
项目管理知识	包括系统管理理论、项目策划、目标管理、计划管理、项目过程管理、项目风险管理、项目分析、验证评估等方面知识的总和
组织管理知识	指组织运作原理和组织再造原则、组织设计（组织分工及人员配置）、组织优化、组织再造和组织执行、定岗定编、岗位说明书等
流程管理知识	公司、部门和岗位各层面用以指导工作的管理流程、业务流程和辅助流程的总和

表6-10　浙江兴华科技有限公司胜任力能力项目定义（部分）

能力项目	能力项目定义	能力项目分级描述			
		1级	2级	3级	4级
执行能力	贯彻执行岗位、部门或公司交办的工作任务，有效达到目标的能力	能按时完成上级主管领导交办的各项工作任务	能利用有效的方法和途径，较圆满地按时完成工作任务	经常提前完成工作任务，能主动思考并提出有效提高工作效益的建议	能够充分利用资源，不断创新提高完成工作任务的方法并善于实践总结
沟通能力	通过口头方式表达、交流思想的能力	能够为单项工作进行联系或相互简单口头交流	能够与他人进行较清晰的思想交流，能够抓住重点，让别人易于理解	沟通技巧较高，具有较强的说服力和影响力，有较强的感染力	沟通时有较强的个人魅力，影响力极强，有很强的感召力
学习能力	通过阅读、听讲、研究、实践等方法获得工作所需要的知识或技能的能力，以及所学知识的应用	掌握基本的学习方法，能在指导下学习与工作相关的知识	具有一定的学习兴趣和自学能力，能通过阅读、听讲等方式获得知识或技能	掌握全面的学习方法，可通过阅读、听讲等方式学习新技能，可根据对研究和经验的总结自行解决某类问题	学习欲望较强，有明确的学习目的和计划，能运用有效的学习方法迅速掌握所学的主要内容
领导能力	为了保障工作顺利完成，有根据工作分配合理授予下属权力的能力	了解分配工作与权力的方法，能够指导被授权员工完成工作	能够顺利分配工作与权力，有效传授工作知识，帮助被授权员工完成任务	善于分配工作与权力，并能积极传授工作知识，引导被授权员工完成任务，并能够提前防范授权的风险	对分配工作与权力做到收放自如，被授权员工可以独立完成工作任务，做好授权风险防范和应对措施，对授权环节能进行充分而准确的评估
决策能力	制定策略与实施计划，在适当的时机从多方案中选择最佳方案的能力	能够在上级的指导或协助下做出相关的决策	能够对下属提出的一般性建议进行决策或能向上级提供合理的决策建议，能考虑决策所需要的重要因素	能够对下属提出的重要建议进行决策或能向上级提供重要的合理决策建议，并能对影响决策因素进行全面分析，决策较为准确	能够在复杂的情况下对全局性的工作做出决策，决策准确

续表

能力项目	能力项目定义	能力项目分级描述			
		1级	2级	3级	4级
文化传播能力	理解公司企业文化，并通过会议、文件、口头交流等方式对公司文化进行宣传影响的能力	能充分理解公司的企业文化，并能够用其价值观念要求自己	能够充分理解公司企业文化及其内涵，并能够践行以及通过言行积极正面影响其他人	能够把握正确的舆论导向，并能够利用公司各种途径有意识的向其他人员影响和传播	是公司企业文化的提出者、倡导者和宣传员，是公司企业文化的牵引，善于通过各种渠道向公司内外传播公司的企业文化
过程控制能力	有效监督与控制工作过程朝着正确的方向进行，确保组织目标及时高效完成的能力	清楚地分配具体的工作项目、任务和职责范围，了解完成该项工作过程所需监控的关键环节	能根据个人的技能、角色和兴趣等分配工作任务，预先判断关键环节可能出现的问题，能够根据工作进展情况及时提供必要的咨询和监督	能在恰当的时候给予员工或团队辅导，并能够灵活调整员工或团队的工作任务和进度，以应对工作重点的转变	能够从全局上把握工作进展状况，通过多种形式或管理体系来监控各方面的工作质量，能够预见并制定出工作重点发生转变时候所应该采取的关键策略，并重新配置和协调各种资源以保证完成
团队建设能力	协调团队成员的内部关系、调动其积极性，激发其工作热情，增强团队的向心力和凝聚力，确保完成团队目标的能力	能够针对下属存在的问题提出相应的建议，组织领域内一个方面的团队，协调内部关系，完成工作目标	能够给予下属基本的工作指导，为下属提供相关信息、工具、建议等，通过团队成员能力的提升，组织领域内一个方面的团队完成较复杂的团队工作目标	能够有计划地给予下属包含工作实践或理论基础在内的系统指导，或为下属提供额外的信息、工具、建议等，通过团队成员能力的不断提升，完成较复杂的团队工作目标	能运用全局性的资源，为下属创造合适的发展空间，并充当下属的职业生涯发展的"导师"，充分发挥团队优势，运用分级管理授权，使得团队能够高效自主运作，完成全局性工作目标

表6-11　浙江兴华科技有限公司胜任力素养项目定义（部分）

素养项目	素养项目定义	素养项目分级描述			
		1级	2级	3级	4级
责任心	能够认识到自己应承担的职责和要求，清楚本职工作在组织中的作用和价值，忠于本职工作，主动、自觉追求组织目标的实现，乐于接受额外的任务和必要的加班	接受任务：对职责范围内的工作任务，不推托，不讨价还价，能及时响应工作安排	落实完成：能够对职责范围内的工作进展情况及时进行核查，并对工作中发现的问题采取必要的行动，以保证工作按要求标准完成	尽职尽责：在工作中，面临需要同时处理的职责内和职责外的任务时，能够主动采取应对措施，确保不因职责外的任务而影响职责内工作任务的按时完成，并能够不以职责外的工作负担作为解释未完成职责范围内工作的理由	敢于承担，主动负责：能够主动公开地承担本人工作中的责任，并及时主动地采取补救、预防措施，防止类似的问题再次发生
团队精神	自觉地融入团队，与同事合作完成工作任务，善于协同团队寻求解决问题的途径，理解与尊重团队中其他成员的不同工作风格和方式；能主动与团队其他成员进行沟通，为了团队的成功，愿意牺牲自己的利益	信息共享：能够通过信息共享为团队决策提供支持，并能够及时与团队成员交流团队内部发生的事情，使团队成员及时了解团队取得的成绩与不足	信任团队：对团队其他成员的能力和贡献抱着积极的态度，能够用积极口吻评价团队成员，评价他人提出的意见和经验的价值，并愿意在做决定或计划前征求团队成员意见和建议	鼓励与授权：当他人做出贡献或实现目标时能给予公开的表彰和鼓励，并在工作中通过一定的授权使他人感觉到自己的重要性，从而发挥更大的作用	解决冲突：能够以实际行动倡导良好的团队氛围，鼓舞士气，及时解决或缓解团队中出现的矛盾和冲突，维护及提升团队荣誉感
大局意识	能够站在集团或公司的角度来考虑整体问题与平衡整体利益的意识	站在部门的立场思考问题，协助部门目标顺利达成	能够站在公司的角度来完成公司对部门的使命要求，同时能够兼顾公司的整体利益与长期发展需求	能够站在集团的角度来完成集团对公司的战略使命要求，同时能够兼顾集团的整体利益与长期发展需求	能够全面考虑集团的整体发展需求，同时能够兼顾集团的长期利益与发展需求

续表

素养项目	素养项目定义	素养项目分级描述			
		1级	2级	3级	4级
服务意识	在工作中满足内外顾客需求的意识	根据工作职责提供必要的服务	能根据工作职责主动提供服务	以内外顾客需求为导向，改善工作流程、方法以提升服务质量	关注内外顾客的需求，积极主动协调相关资源，最大化提供服务，直到满意为止
忠诚度	服从公司和领导的工作安排，自觉维护公司利益，自始至终为了公司的发展做出最大的贡献	能保守公司秘密，不做有损团队和组织利益的事	坚守职业道德，对团队成员和组织充分信任，并积极主动维护组织利益	忠于组织，坚守职业道德，对危害组织利益的行为，进行批评与揭发	将个人利益与企业利益完全结合起来，对企业充分信任，并积极主动地创造良好的忠诚文化
保密意识	自觉遵守公司保密制度，保守和维护公司商业秘密的意识	熟悉公司保密制度，明确职责范围内的保密事项，并根据制度采取相应的维护措施，但保密意识还需提高	以身作则，自觉、严格遵守公司保密制度，有较强的保密意识，对保密制度未明确界定的问题能够很好地处理	影响身边的同事，宣传保密制度，必要时提醒同事；发现保密制度的缺陷和漏洞，能及时向有关部门报告并提出完善意见	发现他人违反和破坏保密制度时，积极抵制，能够及时向公司有关部门报告，并分情况采取积极措施以最大限度地减少恶性后果，处理得当

3. 岗位任职资格甄别

胜任力项目定义完成后，企业还需要进行胜任力矩阵规划。胜任力矩阵就是根据不同职位族、职系及管理层级岗位需要履行的工作要素规划出来的能力、素养、知识项目及对应等级，这些项目和等级是有效履行工作所必须达到的条件。企业可以根据自己的胜任力模型，结合职位族、职系、职级规划来识别，也可以按照具体岗位来识别。

如表6-3～表6-5中，兴华科技公司的品牌与市场部经理、研发主任工程师、招聘与培训专员三个岗位任职资格栏目中所列，每个岗位所需要的胜任力项目及级别要求是不同的。

四、工作饱和度分析

在很多企业责任人往往会有这样一个误解，认为岗位说明书编制完成之后职位体系的设计就已经完成了。实则不然，岗位说明书只是规定了每个岗位需要做的事情和岗位的任职要求，但还有以下几个问题没有解决：完成岗位职责的工作标准是什么？岗位工作是否饱和？岗位设置是否合理？需要几个人来做？让谁来做更合适？

要回答清楚这些问题，企业在进行职位体系设计的时候，还需要对每个岗位的工作饱和度进行分析，并在此基础上重新验证岗位设置的合理性（定岗），确定每个岗位的编制（定编）和岗位承接人（定员）。

其中，工作饱和度是指员工的有效工作时间与规定的劳动时间之间的比较值，一般来说，工作饱和度越高就意味着员工的工作效率越高。

在绝大多数中国企业，员工的工作饱和度是很低的。在过往的研究过程中，我们发现超过 30% 的中国企业员工工作饱和度低于 60%，超过 50% 的中国企业员工工作饱和度介于 60% ~ 75%，这与日本丰田公司研究的结果基本相当。丰田公司认为在企业内部，随时都有 85% 的人没有开展有效的工作，其中：5% 的人看不出是在工作；25% 的人正在等待；30% 的人为增加库存而工作（由于这类活动对公司没有直接的贡献，因此丰田不认为这些活动为工作）；25% 的人正在按照低效的标准或方法工作。

企业在岗位说明书中规定了每个岗位需要做的事情，但这些事情是不是需要员工每天花费 8 个小时才能完成呢？对于很多岗位而言，岗位说明书中规定的工作每天可能只需要 7 个小时、5 个小时甚至更短的时间就能完成。因此，企业在建立了岗位说明书体系之后，还需要持续不断地跟踪和分析每个岗位、每个员工的工作饱和度问题。

1. 工作饱和度分析的作用

（1）合理安排工作，压缩时间浪费，提升工作和生产效率。企业通过工作饱和度分析，一方面，由于有了明确的工作任务要求，建立起了规范的工作程序和结构，使工作职责明确，目标清楚；另一方面，明确了关键工作的环节和工作要领，使员工更能充分地利用和安排工作时间，从而提升工作和生产效率。

（2）制订有效的人力资源预测方案和用人计划。工作饱和度分析的结果，可以为有效的人事预测和计划提供可靠的依据。

（3）选拔和任用合格的人才。通过工作饱和度分析，可以建立明确而有效的标准，从而可以通过心理测评和工作考核，选拔和任用符合工作需要和职务要求的合格人员。

（4）设计员工培训和开发计划。通过工作饱和度分析，可以明确从事工作所需要的技能、知识和其他要求，为企业制订人员培训和开发计划提供资料。

（5）提供考核和升职依据。通过工作饱和度分析，可以量化每位员工的工作投入度，为员工考核和升职提供依据。

（6）为工作定额和确定薪酬提供依据。很多企业在确定劳动定额的时候苦于没有依据和方法，只是凭经验判断，工作饱和度分析可以帮助企业很好地解决这一问题。同时，企业在进行岗位价值评估、确定每个岗位薪酬水平的时候，也可以参考饱和度分析结果，使薪酬的公平性得到充分体现。

2. 工作饱和度分析流程

（1）为每项工作建立工作标准。工作标准是指完成一定工作任务所必须经历的步骤、需要完成的工作及工作输出。建立工作标准的目的在于让工作规范化。工作标准意味着把岗位的每项工作职责的步骤清楚地描绘出来，同时把完成每项工作需要的材料、人力、物力和财力都尽可能有效地计算出来。

（2）确定劳动定额，计算标准工作时间。劳动定额是指一个训练有素的人员按照工作标准规定完成一定工作所需要的时间。企业把员工需要承接的每项工作都计算出其标准劳动定额，然后根据每项工作的频率可以计算出员工每天的标准工作时间。

（3）根据标准工作时间验证定岗的合理性，同时确定岗位编制。企业在进行组织再造时对每个部门的二级结构（包括岗位设置）在很大程度上是凭经验确定的，进行工作饱和度分析后，可以明确判断岗位设置是否合理，对工作饱和度很低的岗位需要撤销或者再设计。

同时，根据每个岗位工作标准时间计算岗位编制。根据我们的经验，假设每天上班时间为8小时，企业在确定编制的时候，可以按照标准工作时间7～7.5小时确定 1 个编制，当然，不同的企业这个标准可以结合企业自身的实际适当调整。

（4）根据定编进行工作再设计。在确定岗位编制的过程中不可避免地会出现某个岗位的工作如果安排 1 个人来做是超出 8 小时工作时间的，但如果安排 2 个人来做，其中一个人的工作又会不饱和，在这种情况下，企业可以采取安排加班、工作扩大化、工作再设计等方法来解决。

五、定岗、定编与定员

通过工作饱和度分析，企业一方面可以建立每项职责的工作标准，同时也可以明确每项工作完成的标准时间。可以这么说，企业只有通过工作饱和度分析，才能保证职位体系设计的合理性和有效性。

根据我们的经验，在职位体系设计阶段，除了进行工作分析并根据其结果编制岗位说明书之外，企业还需要根据其结果对定岗、定编和定员进行动态管理。

1. 定岗

工作饱和度分析为企业进行岗位设置提供了理论分析，只有综合工作分析和工作饱和度分析结果，企业才能够确定是否设置某一个岗位，我们把这个过程叫作定岗。企业在定岗过程中，通常需要坚持以下几个原则：

（1）分工与协作。岗位是企业组织再造的末端环节，如果岗位设置过于复杂就难免造成岗位之间的协作困难，因此岗位设置必须兼顾分工与协作两方面。

（2）高效原则。岗位设置的另外一个原则就是必须坚持高效，任何因为岗位设置而导致的协同困难，效率低下都是不允许的。

（3）专业化原则。和组织再造一样，岗位设置也必须坚持专业化原则，尽可能让每个岗位都做自己本专业领域的工作。

（4）最少岗位数原则。既要考虑到最大限度地节约人力成本，又要尽可能地缩短岗位之间信息传递时间，减少"滤波"效应，提高组织的战斗力和市场竞争力。

2. 定编

定编就是要规划每个岗位需要的最低人员配置数量。企业在定编管理的过程中一定要按照"从严、从紧"的原则编制规划，因为任何一家企业都不可能养闲人、养懒人，企业定编就是要根据完成能够胜任该岗位要求的人员为基准测算和规划完成某一个岗位工作需要的员工数量，根据我们的经验，每个岗位的编制可能是 1 个，也可能是多个，但如果出现某个岗位编制小于 1 个的情况，企业必须调整该岗位设置，要么进行岗位工作扩大，要么重新设置岗位。

企业实施定编管理的方法有很多：

（1）劳动效率定编法。劳动效率定编法是指根据生产任务和员工的劳动效率以及出勤等因素来计算岗位人数的方法。实际上就是根据工作量和劳动定额来计算员工数量的方法。因此，凡是实行劳动定额的人员，特别是以手工操作为主的岗位，都适合用这种方法。

（2）业务数据分析法。业务数据分析法根据企业的历史数据和战略目标，确定企业在未来一定时期内的岗位人数。

（3）行业标准参考法。行业标准参考法是按照企业职工总数或某一类人员总数的比例来确定岗位人数的方法。在本行业中，由于专业化分工和协作的要求，某一类人员与另一类人员之间总是存在一定的比例关系，并且随着后者的变化而变化。该方法比较适合各种辅助和支持性岗位定员，如服务业人力资源管理类人员与其他人员之间的比例一般为 1 ∶ 100；IT 员工编制与公司 IT 硬件设备数量的关系是 1 ∶ 100 ～ 1 ∶ 120。

（4）预算控制法。预算控制法是通过人工成本预算控制在岗人数，而不是对某一部门内的某一岗位的具体人数做硬性的规定。部门负责人对本部门的业务目标和岗位设置及员工人数负责，在获得批准的预算范围内，自行决定各岗位的具体人数。由于企业的资源总是有限的，并且是与产出密切相关的，因此，预算控制对企业各部门人数的扩展有着严格的约束。

3. 定员

定员就是根据岗位任职资格要求及定编规划，选择最适合的员工从事某岗位的工作。定员要求根据企业当时的业务方向和规模，在一定的时间内和一定的技术条件下，本着精简机构、节约用人、提高工作效率的原则，选择最合适的人员担当某岗位工作。

定员基本操作流程如下：

（1）确定岗位任职标准。

（2）基于任职资格的员工评价。

（3）根据评价结果确定人选。

（4）定员人选确定及任命。

第七章

组织配套设计

一、职位发展通道

二、组织授权管理

三、企业风控体系

四、组织效能管理

一、职位发展通道

前文中我们提到了业务蓝图、业务逻辑关系图、组织职能规划、组织模式选择、公司一级结构规划、部门二级结构规划、部门使命描述、部门三级职能描述与分解、工作分析、岗位说明、工作饱和度分析、定岗、定编与定员等与组织再造直接相关的内容，虽然这些内容已经囊括了组织再造的大部分内容，但如果想要使组织体系发挥最大价值，我们还需要明确每个职位的横向、纵向发展通路，让每位员工都能清晰地知道自己的职业发展方向和路径。

职位发展通路设计犹如修路一样，是企业组织体系设计的核心配套工作之一，也是进行员工成长与发展体系设计的基础工作。很多企业往往都存在严重的"管理独木桥"现象，由于缺乏多通道的员工发展路径，不但导致管理通路拥挤不堪，还造成诸如"技而优则管""业而精则管"的用人错位局面，这种现象不论是对企业留人，还是对员工的个人成长都是没有任何好处的，这就需要企业根据自身实际设计多通道的员工发展通路。

如图 7-1 所示，企业可以有管理、专业、技术设计多个发展通道，这样就可以保证所有的员工都有广阔的发展空间。

【案例 7-1】浙江兴华科技有限公司职位发展通路（示意）

根据表 4-2、表 4-3 浙江兴华科技有限公司职位族、职系规划表以及管理层级关系图，兴华科技公司规划的职位发展通路分为两种，即横向轮换路径、纵向晋升路径，举例如下：

1. 横向轮换路径规划

（1）B 层级轮换路径规划（表 7-1）。

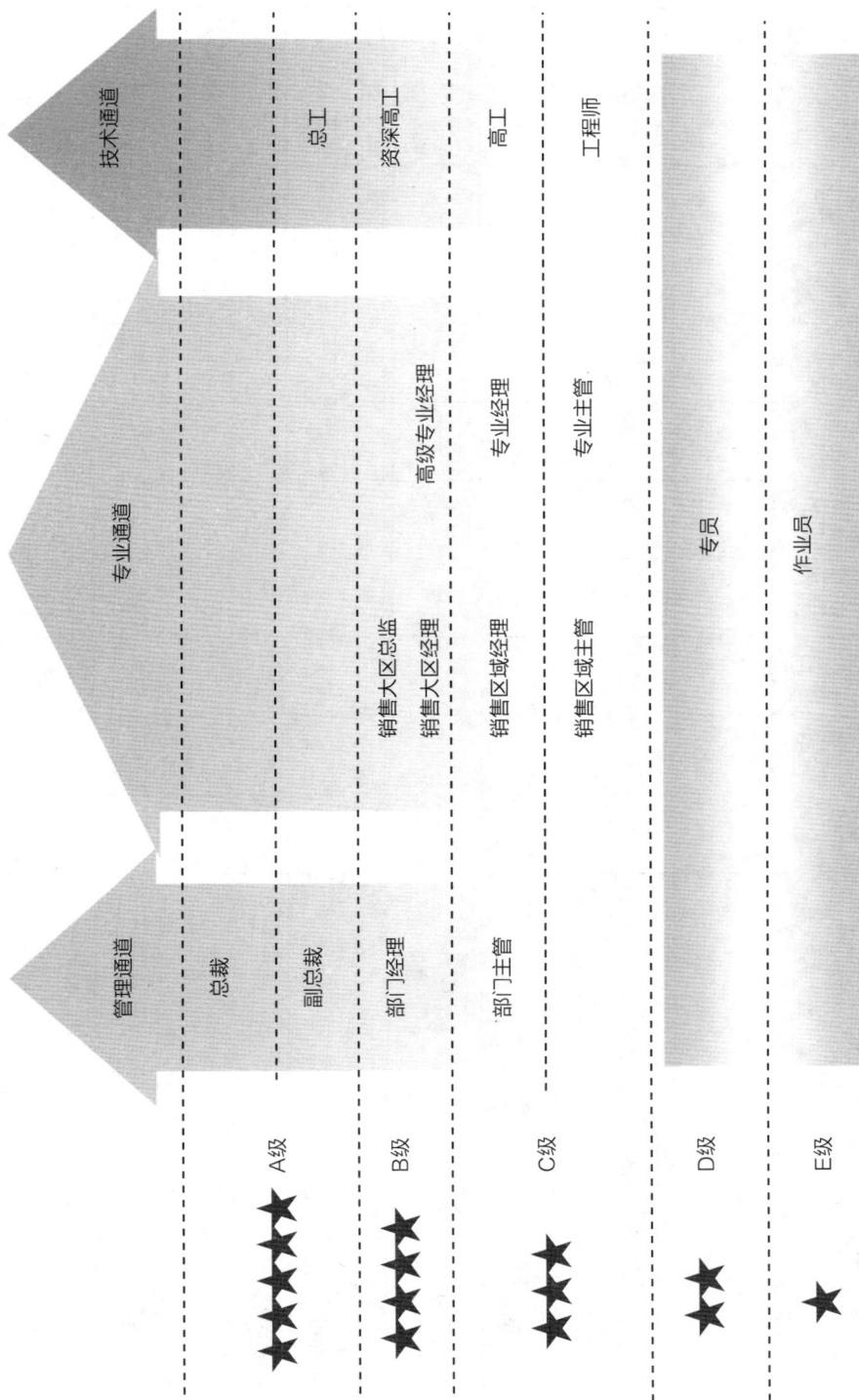

图7-1　"五级三通道"职业发展通路

	管理通道	专业通道	技术通道
A级	总裁		
B级	副总裁		总工
	部门经理	销售大区总监 销售大区经理	资深高工
C级	部门主管	高级专业经理 销售区域经理	高工
		专业经理 销售区域主管	工程师
D级		专业主管	
		专员	
E级		作业员	

表7-1 浙江兴华科技有限公司B层级轮换路径规划

岗位名称	品牌与市场部经理	国内销售部经理	国际贸易部经理	销售管理部经理	售后服务部经理	基础研究部经理	研发设计部经理	设备工程部经理	计划仓储部经理	采购管理部经理	生产管理部经理	质量管理部经理	财务管理部经理	经营管理部经理	行政服务部经理	人力资源部经理
品牌与市场部经理		↑	↑	↑	↑											
国内销售部经理	↑		↑	↑	↑					↑						
国际贸易部经理	↑	↑		↑	↑											
销售管理部经理	↑	↑	↑		↑				↑	↑						
售后服务部经理			↑									↑			↑	
基础研究部经理							↑	↑				↑				
研发设计部经理						↑		↑			↑	↑				
设备工程部经理					↑	↑	↑		↑	↑	↑	↑				

续表

岗位名称	品牌与市场部经理	国内销售部经理	国际贸易部经理	销售管理部经理	售后服务部经理	基础研究部经理	研发设计部经理	设备工程部经理	计划仓储部经理	采购管理部经理	生产管理部经理	质量管理部经理	财务管理部经理	经营管理部经理	行政服务部经理	人力资源部经理
计划仓储部经理				↑					■	↑	↑					
采购管理部经理				↑					↑	■	↑					
生产管理部经理					↑				↑	↑	■	↑			↑	
质量管理部经理					↑				↑	↑	↑	■		↑		
财务管理部经理								↑	↑	↑			■	↑		
经营管理部经理	↑			↑	↑				↑	↑		↑		■		
行政服务部经理									↑	↑				↑	■	↑
人力资源部经理														↑	↑	■

（2）C层级轮换路径规划（表7-2）。

表7-2 浙江兴华科技有限公司C层级轮换路径规划

岗位名称	区域经理	仓储物流主管	销售计划主管	研发高工	工艺技术主管	设备主管	生产计划主管	物流主管	采购主管	车间主任	品保主管	检验主管	总账主管	绩效经理	流程经理	人事经理	薪酬绩效经理
区域经理																	
仓储物流主管			↑					↑									
销售计划主管	↑	↑															
研发高工	↑				↑												
工艺技术主管				↑		↑						↑					
设备主管					↑						↑						
生产计划主管										↑							
物流主管		↑	↑				↑										
采购主管		↑						↑									
车间主任			↑				↑	↑	↑		↑						
品保主管										↑		↑					
检验主管					↑					↑	↑						
总账主管																	
绩效经理															↑	↑	↑
流程经理																↑	
人事经理														↑	↑		↑
薪酬绩效经理														↑		↑	

（3）D 层级轮换路径规划（表 7-3）。

表7-3　浙江兴华科技有限公司D层级轮换路径规划（部分）

岗位名称	市场调查专员	市场推广专员	跟单专员	客服专员	维修专员	基础研究工程师	……	质量工程师	体系工程师	质量体系专员	质量统计专员	会计	出纳	IT工程师	行政专员	人事专员	招聘培训专员	薪酬绩效专员
市场调查专员		↑																
市场推广专员	↑																	
跟单专员	↑			↑														
客服专员	↑																	
维修专员				↑														
……																		
质量工程师					↑					↑	↑							
体系工程师										↑	↑							
质量体系专员																		
质量统计专员								↑										
会计													↑					
出纳												↑						
IT工程师																		
行政专员																		
人事专员																	↑	
招聘培训专员																		↑
薪酬绩效专员																	↑	

2.纵向晋升路径规划

（1）技术职位族纵向晋升路径规划（表7-4、表7-5）。

表7-4　浙江兴华科技有限公司技术职位族岗位分布

A层级		技术中心副总经理（1）				
		总工程师（2）				
B层级		副总工程师（3）				
		基础研究部经理（4）	研发设计部经理（5）	设备工程部经理（6）	质量管理部经理（7）	经营管理部经理（8）
	主任工程师		研发主任工程师（9）			
C层级	高级工程师	基础研究高级工程师（10）	研发高级工程师（11）			IT高级工程师（12）
D层级	工程师		标准化工程师（13）	研发工程师（14）	工艺工程师（15）	质量工程师（16）	IT工程师（17）
	助理工程师	基础研究助理工程师（18）		研发助理工程师（19）	工艺助理工程师（20）		
E层级						

表7-5　浙江兴华科技有限公司技术职位族纵向晋升路径规划

管理层级	E层级	D层级	C层级	B层级	A层级
路径1		（19）－（14）	（11）	（9）－（5）	（1）
路径2		（19）－（14）	（11）	（9）－（3）	（2）
路径3		（18）－（13）	（10）－（11）	（9）－（3）	（2）
路径4		（20）－（15）－（14）	（11）	（9）－（3）	（2）
路径5		（16）－（15）－（14）	（11）	（9）－（3）	（2）
路径6		（17）	（12）		

（2）生产制造职位族纵向晋升路径规划（表7-6、表7-7）。

表7-6　浙江兴华科技有限公司生产制造职位族岗位分布

A层级	运营中心副总经理（1）										
B层级	销售管理部经理（2）	设备工程部经理（3）				计划仓储部经理（4）		生产管理部经理（5）	质量管理部经理（6）		
C层级	仓储物流主管（7）	设备主管（8）		动力能源主管（9）		计划主管（10）		车间主任（11）	检验主管（12）	品保主管（13）	
D层级											
E层级									车间班长（14）	检验班长（15）	
E层级	仓管员（16）	物流操作工（17）	机修工（18）	磨刀工（18）	仓管员（14）	电工（18）	维修工（18）	仓管员（16）	物流操作工（17）	车间操作工（19）	检验员（20）	计量员（20）

表7-7　浙江兴华科技有限公司生产制造职位族纵向晋升路径规划

管理层级	E层级	D层级	C层级	B层级	A层级
路径1		（12）	（11）	（5）	（1）
路径2			（10）	（4）-（5）	（1）
路径3			（8）-（9）	（3）-（5）	（1）
路径4			（12）-（13）	（6）-（5）	（1）
路径5			（7）	（2）	

二、组织授权管理

韦伯曾经说过：任何组织都必须以某种形式的权力作为基础，没有某种形式的权力，任何组织都不能达到自己的目标。

在前文提到的组织再造原则中，权力下移原则为我们明确了企业需要根据部门、岗位需要，按照责权对等的原则适当将公司的相关权力下移。

在【案例4-1】中，浙江兴华科技有限公司提出了9项组织原则，其中充分授权原则规定："让听得到炮声的人能够呼唤到炮火"，让业务线承担更多的责任、拥有更多的权力并能分配更多的利益。

《华为基本法》第六十四条规定：每个员工都拥有以下基本权利，即咨询权、建议权、申诉权与保留意见权。

（1）员工在确保工作或业务顺利开展的前提下，有权利向上司提出咨询，上司有责任做出合理的解释与说明。

（2）员工对改善经营与管理工作具有合理化建议权。

（3）员工有权对认为不公正的处理，向直接上司的上司提出申诉。申诉必须实事求是，以书面形式提出，不得影响本职工作或干扰组织的正常运作。各级主管对下属员工的申诉，必须尽早予以明确的答复。

（4）员工有权保留自己的意见，但不能因此影响工作。上司不得因下属保留自己的不同意见而对其歧视。

综上所述，可见组织授权管理是何其重要！是的，组织授权体系作为组织配套体系的重要组成部分，对于确保组织有效运营、提升组织效率、激发员工潜能都起着至关重要的作用。

1. 常见组织权限类型

组织权限类型分为四种，分别为人事权、财务权、资源调配权及信息权。常见的人事权有人事任免权、员工考核权、奖金分配权、组织调整权等；常见的财务权有对外投资权、企业融资权、预算编制权、预算调整权、超预算修正权、成本控制权、费用审批权等；常见的资源调配权有办公类固定资产调配权、设备类固定资产处置权、生产类固定资产处置权、低值易耗品处置权、不良资产处置权、不合格产品处理权等；常见的信息权有档案查询权、财务信息知晓权、产品信息知晓权、相关报表信息知晓权、合理化建议权、经济合同评审权等。

2. 常见组织权限层次

组织权限层次分为三种，分别为提案权、审核权、批准权。对于简单的事项，企业可以通过一级审批或二级审批方式进行；对于有些需要多人审批的流程事项，可以采用会审的方式集体审批。总之，流程审批最好控制在两级，最多不要超过三级。如果组织授权层级太多、太复杂，一方面会影响组织运营效率，同时也会导致责任不清。

3. 组织授权体系设计步骤

根据我们多年的管理实践，我们把组织授权体系设计归结为以下几个核心步骤：

（1）明确授权原则。为了提升组织效率，同时有效控制流程风险，组织授权的第一步便是明确原则。

①对事授权而非对人授权。很多企业在进行组织授权的时候，往往误认为是对具体某个人的授权，殊不知正确的组织授权方式是对职能角色（职能责任人）进行授权。

②就近授权。组织授权一定要让最贴近业务实际的职能角色（职能责任人）进行决策，因为越接近业务实际就越有发言权，也更能准确、有效地进行决策。

③采用两级授权，最多不要超过三级。最有效的组织授权是两级授权，即对某项职能决策事项通过审核、批准进行授权。授权如果超过三级，甚至达到四级、五级的话，一定会影响组织效率。

④责权对等。授权可以改变职能相关者有责无权的状态，有利于调动相关责任人的积极性。但在实践中要防止有权无责或者权责失当等现象：有权无责，责任人用权时就容易出现随心所欲缺乏责任心的情况；权大责小，责任人用权时就会疏忽大意，责任心也不会很强；权小责大，职能责任人无法承担权力运用的责任。因此，授予多大的权力，就要有多大的责任，要求多大的责任就应该授予多大的权力，权力和责任要对等。

⑤授权不等于撒手不管，离开监督的授权必然滋生腐败。组织授权的同时要加强授权管控，企业可以通过授权审计、组织绩效分析等手段对于滥用权限、越

权、不作为等行为检讨，发现问题及时优化。

（2）规划授权事项。严格意义上来讲，每一项需要跨部门、跨岗位协同完成的职能都需要相应地授权做支撑，常见的授权事项规划有两种方式：其一，基于流程的授权事项规划；其二，基于职能的授权事宜规划。

（3）完善授权手册。授权手册是基于公司流程及组织体系建立起来的，因此，当流程及组织体系变化后，授权手册也需要进行相应的调整。通常情况下，年初企业与每个部门明确年度目标责任书的时候，同步需要明确和完善授权手册。

【案例7-2】浙江兴华科技有限公司授权手册（表7-8）

表7-8　浙江兴华科技有限公司产品研发相关授权（部分）

组织职能	授权事项	提报	审核	二级审核	审批	抄送
战略及年度经营计划	年度研发计划	研发主任工程师	研发设计部经理	技术中心副总经理	总经理	经营管理部
	年度产品研发预算	研发主任工程师	研发设计部经理	技术中心副总经理	总经理	财务管理部
	超预算支出	研发设计部经理	技术中心副总经理	财务管理部经理	总经理	财务管理部
	预算外支出	研发设计部经理	技术中心副总经理	财务管理部经理	总经理	财务管理部
新产品开发	产品市场调研报告	研发主任工程师	研发设计部经理		技术中心副总经理	
	产品线规划报告	研发设计部经理	技术中心副总经理		总经理	营销中心副总经理
	产品定义书	研发高级工程师	研发设计部经理	技术中心副总经理	总经理	营销中心副总经理
	产品设计图纸	研发高级工程师	研发主任工程师		研发设计部经理	设备工程部经理
	设计变更	研发高级工程师	研发主任工程师		研发设计部经理	设备工程部经理
	产品使用说明书	研发高级工程师			研发主任工程师	营销中心副总经理

续表

组织职能	授权事项	提报	审核	二级审核	审批	抄送
面向订单开发	面向订单的产品定义	研发高级工程师	研发主任工程师	研发设计部经理	国际贸易部经理或国内销售部经理	—
	面向订单的产品设计图纸	研发高级工程师	研发主任工程师	国际贸易部经理或国内销售部经理	研发设计部经理	设备工程部经理
	面向订单的设计变更	研发高级工程师	研发主任工程师	国际贸易部经理或国内销售部经理	研发设计部经理	设备工程部经理

三、企业风控体系

企业在进行组织再造的一个重要的目的在于风险控制，因为组织在运行的过程中随时都会面临人员异动、经营环境变化、政策调整、业务腐败、客户诉求发生变化、流程执行不力、合同履行变更、商业机密泄露、安全事故、环境污染等风险，所以在组织配套设计时企业必须预先识别相关风险点，并建立风险识别与防范措施，只有这样才能保证组织有效运行。

1. 企业风控体系构成

根据财政部、证监会、审计署、银监会、保监会联合颁布的《企业内部控制基本规范》，要求企业必须按照以下原则建立与实施内部控制体系：

（1）全面性原则。内部控制应当贯穿决策、执行和监督全过程，覆盖企业及其所属单位的各种业务和事项。

（2）重要性原则。内部控制应当在全面控制的基础上，关注重要业务事项和高风险领域。

（3）制衡性原则。内部控制应当在治理结构、机构设置及权责分配、业务流程等方面形成相互制约、相互监督，同时兼顾运营效率。

（4）适应性原则。内部控制应当与企业经营规模、业务范围、竞争状况和风险水平等相适应，并随着情况的变化及时加以调整。

（5）成本效益原则。内部控制应当权衡实施成本与预期效益，以适当的成本实现有效控制。

《企业内部控制基本规范》还要求企业内控体系包括以下要素：

（1）内部环境。内部环境是企业实施内部控制的基础，一般包括治理结构、机构设置及权责分配、内部审计、人力资源政策、企业文化等。

（2）风险评估。风险评估是企业及时识别、系统分析经营活动中与实现内部控制目标相关的风险，合理确定风险应对策略。

（3）控制活动。控制活动是企业根据风险评估结果，采用相应的控制措施，将风险控制在可承受度之内。

（4）信息与沟通。信息与沟通是企业及时、准确地收集、传递与内部控制相关的信息，确保信息在企业内部、企业与外部之间进行有效沟通。

（5）内部监督。内部监督是企业对内部控制建立与实施情况进行监督检查，评价内部控制的有效性，发现内部控制缺陷，应当及时加以改进。

《企业内部控制应用指引》指出，企业应从以下18个方面建立内控体系：

（1）组织架构。包括组织架构的设计、组织架构的运营。

（2）发展战略。包括发展战略的制定、发展战略的实施。

（3）人力资源。包括人力资源的引进与开发、人力资源的使用与退出。

（4）社会责任。包括安全生产、产品质量、环境保护与资源节约、促进就业与员工权益保护。

（5）企业文化。包括企业文化的培育、企业文化的评估。

（6）资金活动。包括筹资、投资、营运。

（7）采购业务。包括购买、付款。

（8）资产管理。包括存货管理、固定资产管理、无形资产管理。

（9）销售业务。包括销售、收款。

（10）研究与开发。包括立项与研究、开发与保护。

（11）工程项目。包括工程立项、工程招标、工程造价、工程建设、工程验收。

（12）担保业务。包括调查评估与审批、执行与监控。

（13）业务外包。包括承包方选择、外包业务实施。

（14）财务报告。包括财务报告的编制、财务报告的对外提供、财务报告的分析利用。

（15）全面预算。包括预算编制、预算执行、预算考核。

（16）合同管理。包括合同的订立、合同的履行。

（17）内部信息传递。包括内部报告的形成、内部报告的使用。

（18）信息系统。包括信息系统的开发、信息系统的运行与维护。

为了确保《企业内部控制基本规范》的有效运行，国家还制定了《企业内部控制评价指引》及《企业内部控制审计指引》。

2. 企业内控风险及流程、职能对应

虽然不同企业存在行业不同、内部价值链选择有异等区别，但都可以按照国家《企业内部控制基本规范》建立完善的内控体系，而内控体系的建立又离不开组织体系，因为企业的任何风险点都与企业的流程和组织运营同步出现或发生。表7-9是企业内控风险一览。

表7-9　企业内控风险一览

内控体系	潜在风险	对应流程及职能
组织架构	（1）治理结构形同虚设，缺乏科学决策和良性运行机制，可能导致企业经营失败，难以实现发展战略 （2）组织架构设计不科学，权责分配不合理，可能导致机构重叠、职能交叉、推诿扯皮，运行效率低下	组织管理流程、投资决策流程、重大事项决策流程、指令管理流程、授权管理流程等
发展战略	（1）缺乏明确的发展战略或实施不到位，可能导致企业盲目发展，丧失发展机遇、动力和后劲 （2）发展战略过于激进，脱离企业实际或偏离主业，可能导致企业过度扩张或经营失败 （3）发展战略因主观原因频繁变动，可能损害企业发展的连续性或导致资源浪费	发展战略规划与实施流程、年度经营计划制订与管理流程等
人力资源	（1）人力资源缺乏或过剩、结构不合理、开发机制不健全，可能导致企业发展战略难以实现 （2）人力资源激励约束制度不合理、关键岗位人员管理不完善，可能导致人才流失、经营效率低下或关键技术泄密 （3）人力资源退出机制不当，可能导致法律诉讼或企业声誉受损	人力资源规划流程、招聘管理流程、员工薪酬管理流程、目标绩效管理流程、员工异动流程、劳动合同管理流程等

续表

内控体系	潜在风险	对应流程及职能
社会责任	（1）安全生产措施不到位，责任不落实，可能导致企业发生安全事故 （2）产品质量低劣，侵害消费者利益，可能导致企业巨额赔偿、形象受损甚至破产 （3）环境保护投入不足，资源耗费大，造成环境污染或资源枯竭，可能导致企业巨额赔偿、缺乏发展后劲或停业	安全管理流程、成品质量管理流程、客户质量投诉处理流程、环境保护管理流程、事故预防及处理流程等
企业文化	（1）缺乏积极向上的企业文化，可能导致员工丧失对企业的认同感，企业缺乏竞争力 （2）缺乏开拓创新、团队协作和风险意识，可能导致企业发展目标难以实现，影响可持续发展 （3）缺乏诚实守信的经营理念，可能导致舞弊事件发生，造成企业损失，影响企业信誉 （4）忽视企业并购重组中的文化差异和理念冲突，可能导致并购重组失败	企业文化建设流程、文化活动组织流程、危机事件处理流程、企业声誉管理流程、企业并购管理流程等
资金管理	（1）筹资决策不当，引发资本结构不合理或无效融资，可能导致企业筹资成本过高或债务危机 （2）投资决策失误，引发盲目扩张或丧失发展机遇，可能导致资金链断裂或资金使用效率低下 （3）资金调度不合理、营运不畅，可能导致企业陷入财务困境或资金冗余 （4）资金活动监控不严，可能导致资金被挪用、侵占、抽逃或受欺诈	经营预算管理流程、融资管理流程、投资管理流程、资金管理流程、应收账款管理流程、应付账款管理流程等
采购业务	（1）采购计划安排不合理，市场变化预测不准确，造成库存短缺或积压，可能导致企业生产停滞或资源浪费 （2）供应商选择不当，采购方式不合理，招投标或定价机制不科学，授权审批不规范，可能导致采购物资质次价高，出现舞弊或遭受欺诈 （3）采购验收不规范，付款审核不严，可能导致采购物资、资金损失或信用受损	供应商开发流程、合格供应商管理流程、供应商绩效评价流程、采购计划管理流程、采购实施流程、采购价格管理流程、采购付款管理流程等

续表

内控体系	潜在风险	对应流程及职能
资产管理	（1）存货积压或短缺，可能导致流动性不足、存货价值贬损或生产中断 （2）固定资产更新改造不够、使用效能低下、维护不当，可能导致企业缺乏核心竞争力、资产价值贬损、安全事故或资源浪费 （3）无形资产缺乏核心技术、权属不清、技术落后、存在重大技术安全隐患，可能导致企业法律纠纷、缺乏可持续发展能力	存货盘点流程、呆滞品处理流程、设备采购流程、设备安装及调试流程、设备维护保养流程、固定资产管理流程、专利申请流程、无形资产管理流程等
销售业务	（1）销售政策和策略不合理、市场变化预测不准确、销售渠道维护不够等，可能导致销售不畅、库存积压、经营难以为继 （2）客户调查不到位，结算方式选择不当，账款回收不力，可能导致销售款项不能收回或遭受欺诈 （3）销售过程存在舞弊行为，可能导致企业利益受损	销售政策管理流程、销售预测管理流程、销售商机管理流程、渠道开发与维护流程、销售账款管理流程、呆坏账处理流程、销售订单管理流程等
研究与开发	（1）研究项目未经科学论证或论证不充分，可能导致创新不足或资源浪费 （2）研发人员配备不合理或研发过程管理不善，可能导致研发成本过高、舞弊或研发失败 （3）研究成果转化利用不足、保护措施不力，可能导致企业利益受损	市场调研与需求管理流程、新产品定义流程、新产品立项流程、新产品开发流程、新产品开发验证流程、新产品上市流程、产品迭代与升级管理流程、新产品生命周期管理流程等
工程项目	（1）立项缺乏可行性研究或者可行性研究流于形式，决策不当，盲目上马，可能导致难以实现预期效益或项目失败 （2）项目招标暗箱操作，存在商业贿赂，可能导致中标人实质上难以承担工程项目、中标价格失实及相关人员涉案 （3）工程造价信息不对称，技术方案不落实，预算脱离实际，可能导致项目投资失控 （4）工程物资质次价高，工程监理不到位，项目资金不落实，可能导致工程质量低劣，进度延迟或中断 （5）竣工验收不规范，最终把关不严，可能导致工程交付使用后存在重大隐患	工程项目可行性研究流程、工程项目招标管理、工程概算流程、工程进度管理流程、工程质量管理流程、工程监理流程、工程竣工验收流程、工程决算流程、工程交接流程等

续表

内控体系	潜在风险	对应流程及职能
担保业务	（1）对担保申请人的资信状况调查不深，审批不严或越权审批，可能导致企业担保决策失误或遭受欺诈 （2）对被担保人出现财务困难或经营陷入困境等状况监控不力，应对措施不当，可能导致企业承担连带经济责任 （3）担保过程中存在舞弊行为，可能导致经办审批等相关人员涉案或企业利益受损	担保调查评估及审批流程、担保执行及监控流程、担保风险管理流程等
业务外包	（1）外包范围确定不合理、承包方选择不当，可能导致企业遭受损失 （2）外包业务监控不严、服务质量低劣，可能导致企业难以发挥业务外包的优势 （3）业务外包存在商业贿赂等舞弊行为，可能导致企业相关人员涉案	业务外包供应商选择及评估流程、业务外包采购流程、业务外包商务合同评审流程、业务外包质量监控流程等
财务报告	（1）财务报告编制违反会计法律法规和国家统一的会计准则制度，可能导致企业承担法律责任、遭受损失和声誉受损 （2）提供虚假财务报告，误导财务报告使用者，造成决策失误，干扰市场秩序 （3）不能有效利用财务报告，难以及时发现企业经营管理中存在的问题，可能导致企业财务和经营风险失控	财务报告编制流程、财务报告审计流程、财务报告发布流程、财务报告分析流程等
全面预算	（1）缺乏预算或者预算体系不健全，可能导致企业盲目经营 （2）预算目标不合理、预算编制不科学，可能导致企业资源浪费或发展目标难以实现 （3）预算缺乏刚性、执行不力、考核不严，可能导致预算管理流于形式	预算编制及审批流程、预算调整流程、预算外支出审批流程、超预算支出审批流程等
合同管理	（1）未订立合同、合同内容存在重大疏漏，可能导致企业合法权益受到侵害 （2）合同履行不力或监控不当，可能导致诉讼失败，经济利益受损 （3）合同纠纷处理不当，可能损害企业信誉和形象	合同文本规范化流程、常规合同评审流程、特殊合同评审流程、合同盖章及存档流程、合同履行监控流程、合同纠纷处理流程等

续表

内控体系	潜在风险	对应流程及职能
内部信息传递	（1）内部报告系统缺失、功能不健全、内容不完整，可能影响生产经营有序运行 （2）内部信息传递不通畅、不及时，可能导致决策失误、相关政策措施难以落实 （3）内部信息传递中泄露商业秘密，可能削弱企业核心竞争力	企业信息发布流程、保密管理流程等
信息系统	（1）缺乏整体规划或者规划不合理，可能导致企业形成信息孤岛或重复建设，导致企业经营管理效率低下 （2）系统开发不符合内部控制要求，授权管理不当，可能导致无法利用信息技术实施有效控制 （3）系统运行维护和安全措施不到位，可能导致信息泄漏或毁损，系统无法正常运行	信息系统规划流程、信息系统需求管理、信息系统采购流程、信息系统实施流程、信息系统维护流程、信息系统集成流程、信息系统安全管理流程等

【案例7-3】浙江兴华科技有限公司风控体系管理流程（图7-2）

风控体系管理流程		归口部门：经营管理部
各部门	经营管理部	副总经理/总经理

上年度风控体系评估结果 → 开始 ← 公司经营需要

制订《风险识别评估方案》 ←N— 审核/审批

学习《风险识别评估方案》并执行 ← 《风险识别评估方案》培训、宣导 ←Y—

填写风险识别评估表 → 收集、汇总风险识别评估表

根据风险识别评估表汇总组织各部门研讨

写出《风险识别评估报告》 · 制订《内控手册》 ←N— 审核/审批

根据《内控手册》进行风险控制 ←—Y—

进行监督检查

出具监督检查报告 ←N— 审核/审批

限期整改 ←—Y—

整改结果复查

结束

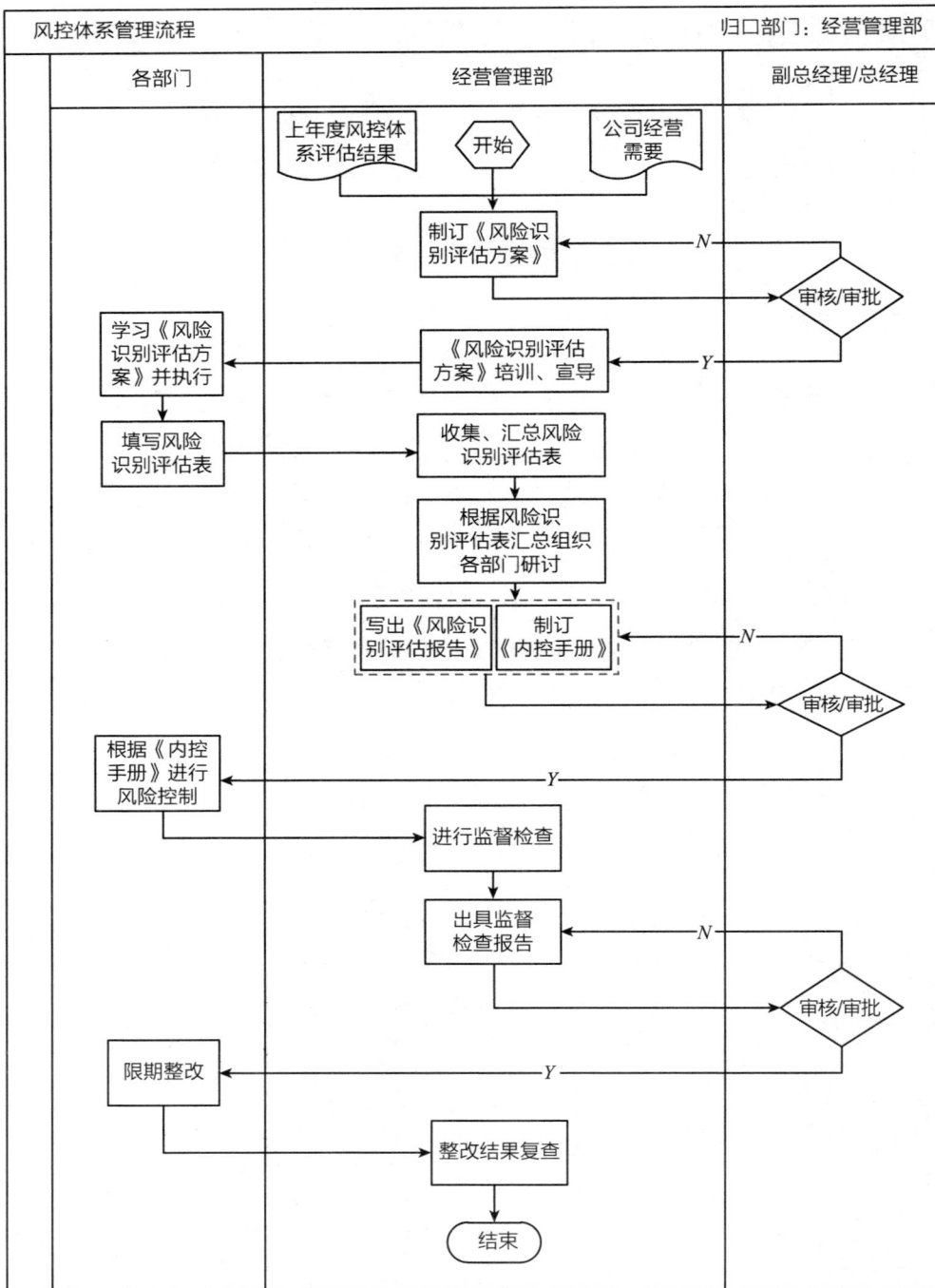

图7-2　浙江兴华科技有限公司风控体系管理流程

四、组织效能管理

除了前文提到的职位发展通道、组织授权体系、企业风控体系外，组织配套体系设计还有一个重要的内容就是组织效能管理体系。因为几乎每家企业的管理者都在抱怨组织臃肿、效率低下、推诿扯皮的问题，有时候我们会把这些问题归结为组织再造，但也会存在组织再造是合理的，组织职能分工也是清晰的，但组织的效能还是低下的问题。

企业常见的组织效能管理手段和方法有会议管理、指令管理、通知公告、纪律检查等，但如果这些方式没有经过系统设计，往往也会出现虎头蛇尾、有始无终的现象。

【案例7-4】浙江兴华科技有限公司效能管理体系（图7-3）

为了有效提升组织效能，浙江兴华科技有限公司规划并建立了六层级组织效能管理体系，分别包括流程效能、制度效能、公文效能、会议效能、全面质量管理效能、审计效能。

同时，为了确保各层级组织效能有效运行，该企业规划了与组织效能相关的8个流程，分别为流程管理流程（图7-4）、制度管理流程（图7-5）、公文管理流程、会议管理流程、全面质量管理流程、审计管理流程以及组织效能管理流程（图7-6）、纪检监察管理流程（图7-7）。

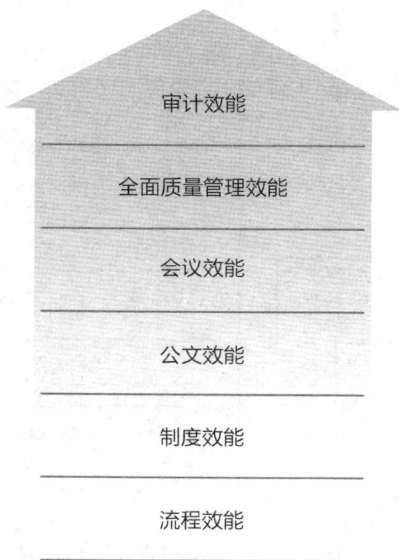

审计效能

全面质量管理效能

会议效能

公文效能

制度效能

流程效能

图7-3　浙江兴华科技有限公司
六层级组织效能管理体系

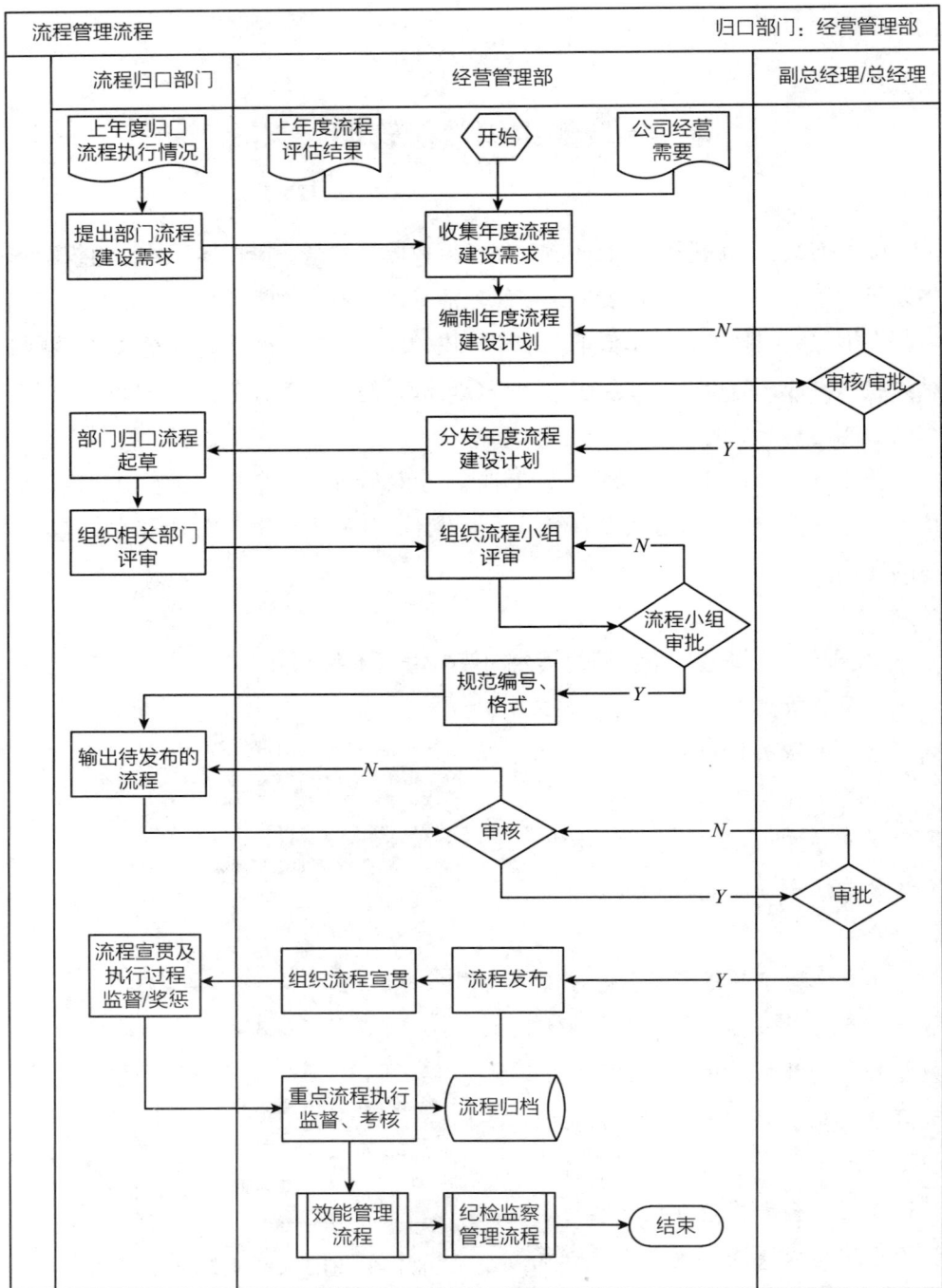

图7-4 浙江兴华科技有限公司流程管理流程

制度管理流程　　　　　　　　　　　　　　　　　　　归口部门：经营管理部

制度归口部门	经营管理部	副总经理/总经理

上年度归口制度执行情况

上年度制度评估结果

开始

公司经营需要

提出部门制度建设需求 → 收集年度制度建设需求

编制年度制度建设计划

审核/审批　N

部门归口制度起草 ← 分发年度制度建设计划　Y

组织相关部门评审

是否会议审批　Y → 新增制度或关键内容调整提前知会　N

审批

制度非关键内容确认 ← 组织月度制度评审会议　Y

规范制度内容、编号、格式

输出待发布的制度　N

审核　N

审核/审批

制度宣贯及执行过程监督奖惩 ← 组织制度宣贯 ← 制度发布　Y

重点制度执行监督、考核 → 制度归档

效能管理流程 → 纪检监察管理流程 → 结束

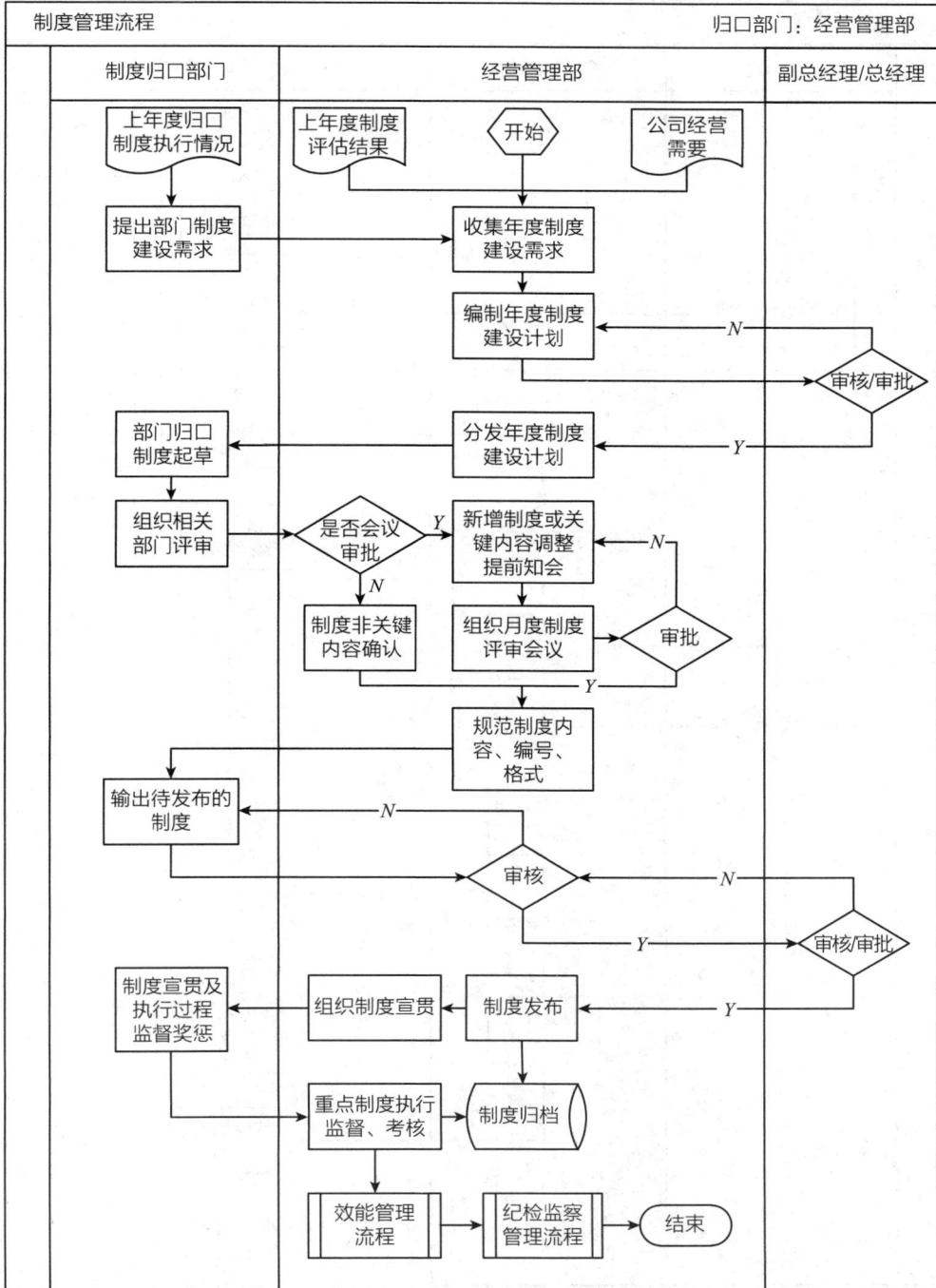

图7-5　浙江兴华科技有限公司制度管理流程

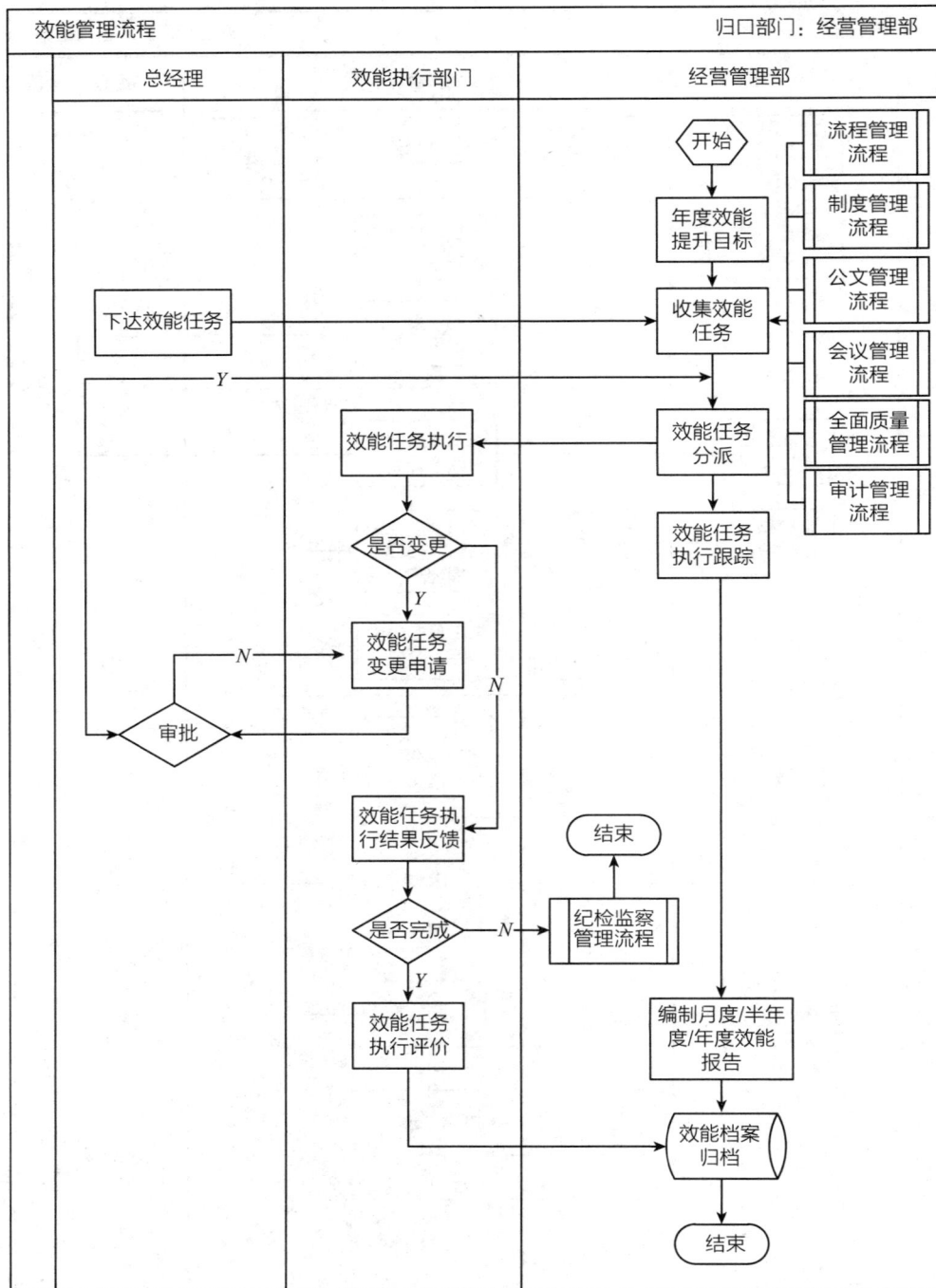

图7-6 浙江兴华科技有限公司组织效能管理流程

纪检监察管理流程		归口部门：经营管理部
相关人员/部门	经营管理部	总经理

开始

年度廉政工作计划 ← N

审批

开始（相关人员/部门）　　开始（经营管理部）

提供渎职腐败、工作作风等问题信息

效能管理流程

汇总渎职腐败、工作作风信息

Y

签订廉政承诺书　　组织廉政教育及宣传

相关资料归档

结束

检举信息调查、取证

配合调查、取证

编制调查报告 ← N

审核/审批

书面通报结果 ← Y

相关资料归档

结束

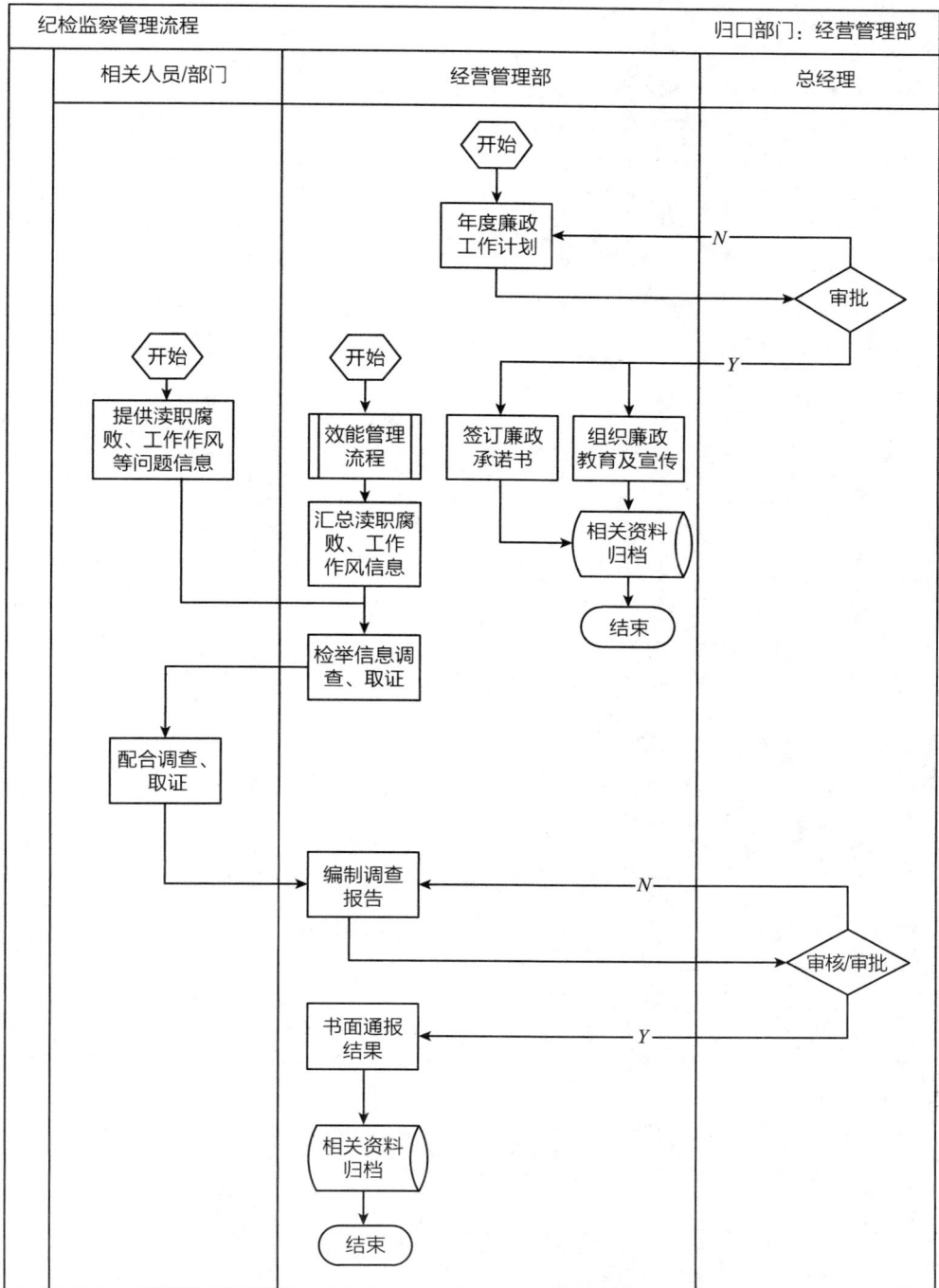

图7-7　浙江兴华科技有限公司纪检监察管理流程

第三部分

PART THREE

组织运营管理

目标不是命令，而是一种责任或承诺。目标并不决定未来，只是一种调动企业资源和能量以创造未来的手段。

——彼得·德鲁克

组织结构的演变不应当是一种自发的过程，其发展具有阶段性。组织结构在一定时期内的相对稳定，是稳定政策、稳定干部队伍和提高管理水平的条件，是提高效率和效果的保证。

——《华为基本法》

组织是两个或两个以上的人有意识地协调活动和效力的系统，要把这个系统作为整体看待，因为其中的每个组成部分都以一定方式与其他部分相联系。

——巴纳德

企业存在的唯一理由就是客户还需要它，因此企业内部组织运营必须站在客户的立场上，为客户持续提供超越其期望的服务和产品。

——本书作者

第八章

组织智商管理

一、组织智商影响因素

二、组织智商衡量

三、打造高智商组织

一、组织智商影响因素

智商，即智力商数，是个人智力测验成绩和同年龄被试成绩相比的指数，是衡量个人智力高低的标准。

早在 1905 年，法国心理学家比奈和医生西蒙为了普及义务教育，筛选智力落后儿童，编制了世界上第一套智力测验量表，即比奈西蒙量表，共有 30 个测验项目，从易到难，依次排列。1908 年，根据使用 1905 年量表的结果，比奈和西蒙又做了修改，提出一个新量表，增加了测验项目，由原来的 30 个增加到 54 个，删除了那些需要经过专门训练才能完成的项目，自 3 岁到成年人，每个年龄组都有一定数量的测验项目。1911 年，根据自己与其他学者的使用经验，比奈对量表作最后一次修订，公布了新的量表，称为 1911 年量表。

根据多年的研究，现在大家普遍认为影响个人智商的因素包括遗传、母乳、饮食、体重、环境和药物等。

过去我们对智商的研究和思考主要集中在个体的层面，但随着管理科学的不断发展，越来越多的企业对智商的研究已经从个体智商延伸到组织智商层面。

组织智商是一种综合能力，主要表现在快速处理信息、面对变化及时、有效做出决策、高效实施决策等方面。组织能在实际中不断提高自身的智商，并由此改善业绩。

通常来讲，我们将组织智商从低到高分为五级（图 8-1）：

（1）初始级。主要关注经营，具备一些业务模块或管理功能，组织愿景存在于核心人员脑海里，尚无明确的战略规划，组织智商处于较低水平状态。

（2）发展级。开始在公司业务或管理功能层面开展决策，商业模式成型，实施价值也逐步体现，启动战略规划，组织智商得到极大提升。

（3）整合级。在多个业务或者管理功能模块间建立起有效联系，管理系统性价值逐步显现，综合效益提升明显，组织职能价值得以体现。

（4）专业级。管理系统成熟，可实现跨业务或功能模块联动，能对环境因素变化做出反应，并逐步体现出适应性稳定，各职能领域组织智商高度发展。

（5）系统级。对内外部环境要素变化反应敏捷，能自发对关键要素变化做出系统性变革，并迅速恢复系统稳定，组织整体智能水平价值发挥最大化。

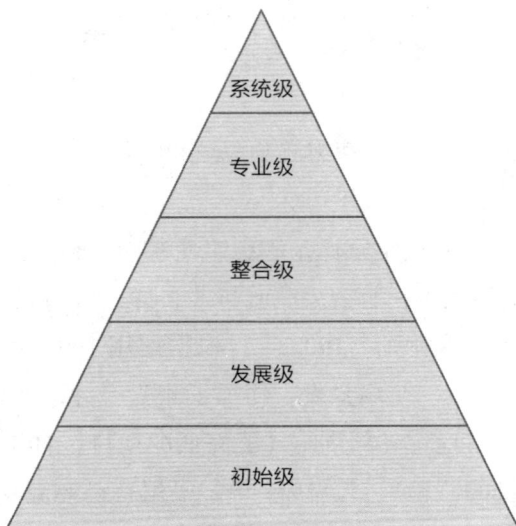

图8-1　组织智商分级

根据多年的实践和总结，我们将影响组织智商的因素如图 8-2 所示。

（1）明确的使命、愿景。高智商组织的首要表现就是组织内部是否有明确的使命、愿景。前文我们提到虽然使命是与生俱来的，自组织成立的那一刻起就已经存在，但并不代表组织内部的每一个部门、每一个成员都能认同，都具有共同的使命感，因此，我们认为共同的使命是影响组织智商的第一要件。

不同的企业其愿景不同，不同发展阶段的企业其愿景也不同，即便是同一家企业在不同的战略指引下其愿景也会有所不同。因此，在具备共同使命的前提下，组织还需要清晰、准确描绘自己的发展愿景，而且愿景还需要让每一位成员都能向往并为之奋斗。

（2）对变革和创新的渴望。任何一个组织都不可能一成不变地生存，特别是在市场瞬息万变的今天，改变已经成为大家共同的认知，创新已经成为必须做的事情，当然变革和创新也已经成为影响组织智商的关键因素之一，我们看到很多企业不善于创新、拒绝变革，到头来终被时代淘汰，这就是组织智商低下的最佳体现。

零售巨头大润发主席黄明瑞在阿里接手大润发时说的一段话充分证明了这一点，他说：赢了所有对手，却输给了时代。我们不得不承认，这个时代变了。

我们无法说是外行领导内行，虽然黄明瑞是内行，可是他失败了，这就是事实，当时代抛弃我们的时候，连声再见都不会说。

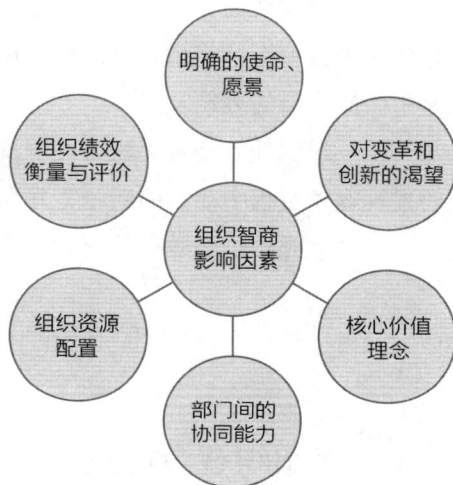

图8-2　组织智商影响因素

无独有偶，前段时间传出苏宁解散 2020 赛季还是中超冠军的江苏苏宁足球俱乐部，不知道这种断臂求生的做法是一种主动的战略调整，还是迫不得已的改变。

（3）核心价值理念。影响组织智商的第三个要素便是组织倡导的核心价值理念，虽然核心价值理念很难判断它是正确的还是错误的，但从组织倡导的价值理念可以反映出一个组织如何看待价值创造、如何看到价值分配、如何看待客户、如何看到供应商、如何看待员工、如何看待社会责任、如何看待产品、如何看待企业的未来……这些最基本的企业经营哲学和价值理念也会在很大程度上影响组织智商的提升。

（4）部门间的协同能力。在组织内部，我们经常讲两个关键词：分工、协作。其中，分工是协作的基础，协作是分工的目的。在传统的认知中，大家一谈到组织首先想到的就是组织分工，包括横向分工产生部门、纵向分工产生岗位，正因为这样企业将组织建设的重点放在了组织分工上，但大家会发现，即便是组织分工很清晰，一旦业务正常运作起来的时候还是会出现部门之间、岗位之间分工的模糊地带，也经常会发生部门之间、岗位之间的扯皮现象，原因何在？最根本的原因就是我们在组织建设的时候忽略了组织协同的问题，一个高智商的组织不在于分工多么明晰，更重要的要看部门之间、岗位之间的协同效果如何。

（5）组织资源配置。组织资源配置是否合理也是影响组织智商的要素之一。面对企业的伟大愿景和使命，我们会发现资源永远不够用，但在很多地方存在资源堆积和浪费的现象。为了确保组织智商，我们的经验是企业需要定期、不定期地对资源配置需求及供给状况进行分析，将最重要的资源投放到最能帮助企业提供业绩的地方上去，这是组织高智商的表现。

（6）组织绩效衡量与评价。组织绩效衡量手段与评价及时性、有效性在很大程度上可以帮助企业及时发现经营过程中存在的问题，并加以改善和修正，进而确保企业始终在正确的路上，这就是组织绩效衡量与评价为什么会成为影响组织智商的要素之一的原因。

二、组织智商衡量

衡量组织智商的指标有两个，分别是组织敏捷度和组织成熟度。其中，组织敏捷度是用来衡量面对变化组织能够做出及时、准确的反应和调整的一种能力，而组织成熟度则用来衡量组织在运营过程中达到的成熟的程度，也就是组织体系与企业经营需求之间的匹配程度。

1. 组织敏捷度测量

一个智商高的组织，其在敏捷度方面往往具有七个基本特征，分别为：

（1）组织成员之间高度信任。信任是组织存在的基础，信任是组织内部开展任何经营管理活动的前提。

（2）积极拥抱变化。包括成功，也包括失败，特别是在面对失败的时候，组织成员之间切记相互指责、抱怨，要学会从失败中总结教训。

（3）正视自己。客观看待自己的成就与不足，不要盲目地放大自己的成绩，也不要被面临的压力和不足瞧不起自己。

（4）确保每个小组织的独立性，又要强调相互之间的协同性。每个部门都有其存在的意义与价值，但千万不要忘了，每个部门都是企业整体组织的组成部分。

（5）系统规划。每个组织都有其存在的历史背景及战略前提，敏捷组织要求企业必须按照组织调整和变化，及时优化业务蓝图、业务逻辑关系图，并在此基础上合理规划一级结构、二级结构及组织相关配套。

（6）学会简化和优化。根据战略调整及时对组织体系进行简化和优化，如压缩管理层级、调整组织模式、调整组织职能、优化定岗定编等，都是企业组织敏捷性的体现。

（7）永远保持以客户为中心。前文我们已经多次提到企业存在的唯一理由是客户还需要它，因此不论什么时候、不论在什么战略之下，也不论谁来执行，都要永远保持以客户为中心。

表 8-1 为组织敏捷度测量问卷。

表8-1　组织敏捷度测量问卷

序号	测评问题	完全不符	基本不符	一般	基本相符	完全相符
1	组织成员高度信任					
2	面对困难和挫折，组织内部每个成员都是积极面对的					
3	大多数决定都是那些离一线最近的人做出的					
4	关键决策都是由多层次团队决定的，而团队成员几乎不关心彼此在组织中的等级					
5	鼓励创新，企业愿意承担一切由于创新造成的损失					
6	资源可以迅速地在不同业务单元之间调动					
7	例行性工作都有明确的流程指引					
8	对于客户的投诉、请求和价值主张，企业会在第一时间做出响应					
9	客户、供应商及外部利益相关者都会参与企业重要决策甚至战略制订					
10	每个员工都清楚自己在组织中所处的地位、承担的工作职责、享有的权限以及利益					
备注	以与测评问题描述现实相符程度打分					

2. 组织成熟度测量

通常来讲，对组织成熟度的测量通常从以下 13 个维度展开，即系统观念、应对变化、目标意识、服从功能、团队管理、顾客导向、信息共享、基层决策、沟通功能、激励发展、学习功能、创新功能、质量安全管理。

通过评价，如果发现企业在以上 13 个纬度有表现非常优异的话，可以视为该企业的组织成熟度是非常高的。

下面我们逐一解释这 13 个纬度：

（1）系统观念：将企业视同一个系统，责权明确，分工合理，协作高效，企业整体战斗力极强，并通过组织的各种功能，将它们转化为产品和服务。

（2）应对变化：企业具备高度敏感的系统来吸取系统内所有部门及相互作用的信息以及外部信息，可以迅速应对外部环境、内部环境的变化。

（3）目标意识：具有强烈的战略意识、目标意识、竞争意识，同时全体员工为了目标的实现全力以赴。

（4）服从功能：遵循"形式服从功能"的模式运行。需要完成的工作决定其运作执行结构及机制。因此，它运用多种结构：正规的金字塔结构，水平结构和团队，项目结构及临时结构。

（5）团队管理：以团队管理为主要模式，每一个团队都符合优秀团队特征，工作效率很高。

（6）顾客导向：以尊重顾客服务为原则——包括企业外部客户及组织内部其他客户。

（7）信息共享：其管理依信息而行，大量信息能被及时获得和处理，获取信息由不同地域、功能的部门和组织所共享，保证企业在做任何决策时，参考的信息都是一致的。

（8）基层决策：企业鼓励并允许能取得所有必要信息和贴近客户的基层进行决策。

（9）沟通功能：保持系统上下开放式沟通交流，在企业内部不存在任何沟通障碍。

（10）激励发展：企业的奖惩机制紧密结合工作成绩，并支持个人发展。管理层和工作团队根据其工作绩效和目标实现情况获得相应的回报。

（11）学习功能：组织已充分认识到学习的重要性，鼓励组织的成员参与学习，提高技能，并努力建设并实现"学习型组织"。

（12）创新功能：能明辨革新和创造活动的作用，已经在企业内部建立了完善的创新管理机制，鼓励创新，并从创新过程中获益。

（13）质量安全管理：企业日常经营过程中对质量和安全给予充分关注，以实现公司愿景和美好未来。

表 8-2 为组织成熟度测量问卷。

表8-2　组织成熟度测量问卷

序号	标准问题	是	否
1	只有高阶层的经理人员有资格参与重要的决定/决策		
2	只要压力一来，每个人只顾自己而不管公司的利益		
3	职责划分不清楚		
4	员工并不打算说出他们真正的想法		
5	与我们竞争的公司好像有比较先进的观念		
6	有些事情一旦要成了既定的作业后就很难改变		
7	一个部门学到的管理经验并没有转移到其他的部门		
8	公司没有适当的方法来奖赏特别努力的表现		
9	许多员工只是勉强能达到标准的工作效率		
10	需优先办理的事情不清楚		
11	薪资制度使大家的工作不能做最好的配合		
12	想想新进员工刚来的几天公司如何对待他们，便知道有时候他对公司的印象不好是不足为怪的		
13	我主要的问题之一是不知道上级希望我怎么表现或工作		
14	我并不觉得我想要做的事情有人支持		
15	谈论变革是没有用的，大家的观念很难改变		
16	虽然大家可以互相帮助，但他们似乎心不在此		
17	似乎没有人清楚地知道公司的问题出在哪里		
18	如果职员的工作能力较好，便可以更好地改进工作质量		
19	面对问题时并不公开和坦诚		
20	每一个团体无意改变他们在一起工作的方法		
21	每一个经理都对自己的部门负责，不欢迎别人干涉		
22	每个部门各自为政		
23	客户投诉很难得到良好的处理		
24	客户的要求不能够迅速得到处理与反馈		
25	客户的利益没有被公司放在第一位		
26	开会不受欢迎，因为经常是没有结果的		
27	竞争对手的行动不能迅速反馈到公司决策者那里		
28	经理与经理间明争暗斗		
29	经理人员认为监督越严，工作效率就会越高		
30	经理人员想回到纪律至上的时代		
31	经理人员认为大家只为金钱工作		
32	经理人员没有能力培训他人		
33	经理人员好像没有足够的时间来认真地做好培训工作		
34	经理人员对外在环境的改变并没有足够的反应		

序号	标准问题	是	否
35	经理人员对于下属员工的前途并不关心		
36	经理人员不知道管理培训对他们能有什么作用		
37	基层员工只能按照指示或者按照规则办事		
38	好的建议公司没有当作一回事		
39	管理部门并不发掘和培养有潜能的人		
40	公司员工无法参与决策		
41	公司所以存在，唯一的理由是要赚钱		
42	公司难以接受新的观念		
43	公司内的竞争如此激烈，以致产生破坏性的影响		
44	公司内部的争端不能得到迅速解决		
45	公司内部的工作不是以客户满意为标准		
46	公司没有明确的发展规划		
47	公司里重要的事情经常要么不做，要么做得极少		
48	公司里的员工并不完全知道上级对他们的工作业绩是怎样评估的		
49	公司里游手好闲的人和做事效率高的人好像一样多		
50	公司里并没有想办法促使员工改进作业，所以大家都不在乎创新		
51	公司并不清楚自己有哪些人才		
52	公司经常招聘新的经理人员		
53	公司很少对员工进行培训		
54	公司对员工的承诺很难实现		
55	公司对工作效率的关注超过对工作时间的关注		
56	公司的组织结构不是完全根据市场而确定的		
57	公司的制度已不适用，需要改进或完善		
58	公司的政策不够灵活		
59	公司的未来计划很差		
60	公司的决策是由最高决策者一个人制定的		
61	公司的决策不是以客观信息为依据而做出的		
62	公司的结构已经跟不上市场的变化		
63	公司的结构很少发生变化		
64	公司的功能还不够健全		
65	公司的各个领导各自为政		
66	公司的产品质量标准没有得到充分贯彻与落实		
67	公司的产品和服务质量客户一直不满意		
68	公司的安全意识没有得到充分贯彻与落实		
69	公司不能预测外部经济环境的变化		

续表

序号	标准问题	是	否
70	公司不能迅速得到信息并予以处理		
71	公司并没有许多大家认可的备选措施，每个经理根据自己认为最好的办法去行事		
72	公司并不缺乏技能，但已有的技能不是公司所需要的		
73	工作质量未得到充分的关注		
74	工作所需的正确资料并不能马上得到		
75	工作上需要的技能并非系统学来，而是偶尔拾得的		
76	工作目标表达不清楚，最终是否到达目标并不深究		
77	各个部门并没有聚集在一起来解决共同的问题		
78	各部门互不尊重对方的工作		
79	个人的目标、部门的目标和公司的目标很少能一致		
80	革新经常得不到奖赏		
81	大家觉得他们好像在比较差的公司工作		
82	大家对谁是公司里的"关键人物"都不太清楚		
83	大家不喜欢"破坏现状"		
84	大家不希望他们的工作有更多的挑战		
85	大家并不知道这个公司对他们未来的打算是什么		
86	大家并不十分了解自己手中的工作是为了什么		
87	大多数新进人员很快就离职了		
88	惩罚的次数似乎比奖赏的次数多		
89	部门经理并没有认识公司对一个"不满的员工"所付出的代价		
90	部门经理并不关心员工工作是否快乐		
91	部门间不能积极地相互提供有用信息		

问卷使用说明：

（1）组织成熟度标准问卷共设计了 91 个问题，涉及系统观念、应对变化、目标意识、服从功能、团队管理、顾客导向、信息共享、基层决策、沟通功能、激励发展、学习功能、创新功能、质量安全管理等 13 个纬度。

（2）标准问卷中的 91 个问题排序是杂乱无章的，这是为了更好地反映调查的真实性，杜绝员工的倾向性打分。员工在评价打分时，根据每个问题描述的情景，结合企业的实际情况作答（"是"或者"否"）就可以了。企业在统计得分时，"是"得 0 分，"否"得 1 分。

（3）91 个问题与 13 个纬度的对应见表 8-3。

表8-3　组织成熟度问题序号与组织成熟度维度的对应

评价纬度	问题序号
系统观念	3、56、64、71、81、82
应对变化	5、6、30、34、58、69
目标意识	10、13、46、47、59、76、79、86
服从功能	22、37、62、63、65
团队管理	2、14、16、20、24、28、77、78
顾客导向	23、25、41、45、67
信息共享	7、17、27、61、70、74、91
基层决策	1、40、60
沟通功能	4、12、19、21、26、38、44、48
激励发展	8、11、29、31、35、43、49、51、52、54、85、87、88、89、90
学习功能	9、32、33、36、39、53、72、75
创新功能	15、42、50、57、80、83、84
质量安全	18、55、66、68、73

【案例8-1】浙江兴华科技有限公司组织成熟度评估

从图8-3可以看出，该企业组织成熟度平均值为2.89分，其中基层决策、服从功能、沟通功能、质量安全、信息共享、系统观念、应对变化及创新功能均处于均值以下。

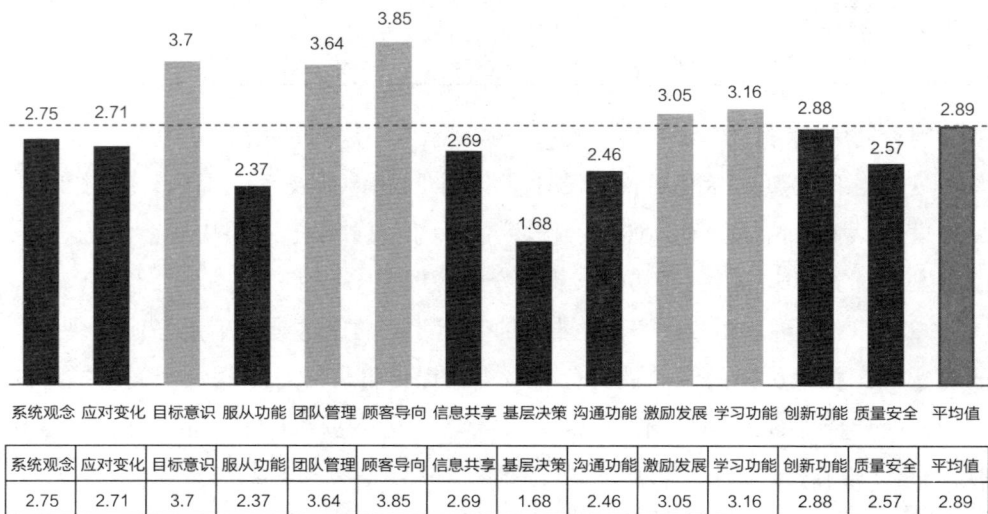

系统观念	应对变化	目标意识	服从功能	团队管理	顾客导向	信息共享	基层决策	沟通功能	激励发展	学习功能	创新功能	质量安全	平均值
2.75	2.71	3.7	2.37	3.64	3.85	2.69	1.68	2.46	3.05	3.16	2.88	2.57	2.89

图8-3　浙江兴华科技有限公司组织成熟度柱状图

根据组织成熟度评估结果，该企业规划了组织成熟度提升路径，具体见表8-4。

表8-4　浙江兴华科技有限公司组织成熟度提升路径规划

组织成熟度	对应标准问题	提升路径
基层决策	（1）只有高阶层的经理人员有资格参与重要的决定/决策 （2）公司员工无法参与决策 （3）公司的决策是由最高决策者一个人制定的	完善基于流程的分权、职权体系
服从功能	（1）每个部门各自为政 （2）基层员工只能按照指示或者按照规则办事 （3）公司的结构已经跟不上市场的变化 （4）公司的结构很少发生变化 （5）公司的各个领导各自为政	（1）通过业务流程优化建立部门协作机制 （2）通过流程绩效评价建立流程共同体
沟通功能	（1）员工并不打算说出他们真正的想法 （2）想想新进员工刚来的几天公司如何对待他们，便知道有时候他对公司的印象不好是不足为怪的 （3）面对问题时并不公开和坦诚 （4）每一个经理都对自己的部门负责，不欢迎别人干涉 （5）开会不受欢迎，因为常常是没有结果的 （6）好的建议公司没有当作一回事 （7）公司内部的争端不能得到迅速解决 （8）公司里的员工并不完全知道上级对他们的工作业绩是怎样评估的	（1）健全员工满意度评估体系 （2）建立合理化建议专项激励机制
质量安全	（1）公司对工作效率的关注超过对工作时间的关注 （2）如果职员的工作能力较好，便可以更好地改进工作质量 （3）公司的产品质量标准没有得到充分贯彻与落实 （4）公司的安全意识没有得到充分贯彻与落实 （5）工作质量未得到充分的关注	（1）建立客户投诉收集渠道及受理机制 （2）健全质量管理体系（研发质量、原料质量、成品质量、客户服务质量）

续表

组织成熟度	对应标准问题	提升路径
信息共享	（1）一个部门学到的管理经验并没有转移到其他的部门 （2）似乎没有人清楚地知道公司的问题出在哪里 （3）竞争对手的行动不能够迅速反馈到公司决策者那里 （4）公司的决策不是以客观信息为依据而做出的 （5）公司不能迅速得到信息并予以处理 （6）工作所需的正确资料并不能马上得到 （7）部门间不能积极地相互提供有用信息	（1）由人力资源部主导，建立岗位经验内化机制 （2）建立公司内部知识管理机制 （3）规范公司会议体系 （4）强化绩效沟通及评价系统

三、打造高智商组织

基于前面的介绍，我们认为要提高组织智商，打造高智商组织，应该从以下几点抓起（图8-4）：

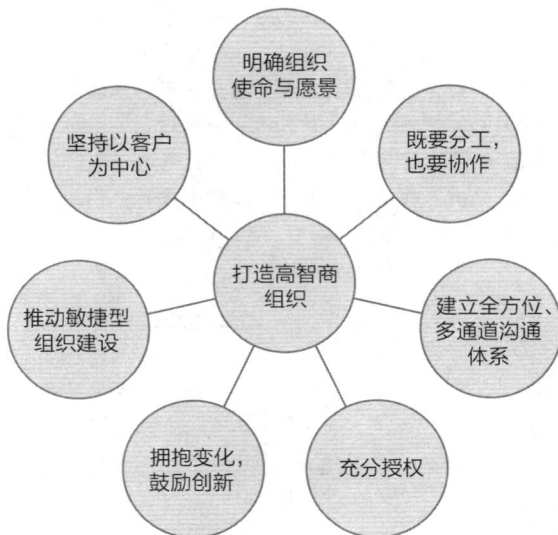

图8-4　打造高智商组织

（1）明确组织使命与愿景。没有使命的组织是缺乏战斗力的，没有愿景的企业是缺乏凝聚力的，因此明确企业使命与愿景是提升组织智商的首要因素。

企业使命必须回答清楚组织存在的意义何在。通常情况下，组织使命可以从几个维度描述，如对企业的价值、对员工的价值、对客户的价值等。

愿景是组织的发展蓝图，是组织永远为之奋斗希望达到的图景，组织愿景一旦确定，则需要组织全体成员将其作为终极目标去追求。但是，愿景在实现的过程中可以分解成不同的阶段去实现。

（2）既要分工，也要协作。组织分工是基础，协作是目的。缺乏分工的组织是混乱的，而缺乏协作的组织是一盘散沙，没有战斗力。因此，组织智商的提升必须建立在完善的分工和协作基础之上。

（3）建立全方位、多通道沟通体系。沟通是人与人之间分享信息、交流思想、交流情感的过程。这种过程不仅包含口头语言和书面语言，也包含形体语言、个人的习气和方式、物质环境——赋予信息含义的任何东西。充分沟通是提升组织智商的一个基本条件。

组织内部沟通的方式有很多，如会议、工作计划与总结、工作汇报、网络或电话即时沟通等，确保沟通过程畅通、高效是组织内部沟通的前提。

（4）充分授权。确保每个人都能责权利对等，避免盲目授权，也杜绝过度集权。

（5）拥抱变化，鼓励创新。既然变化无处不在，那么唯一的办法就是拥抱它。变化意味着存在不确定性，因此组织内部还要建立鼓励创新的相关机制。

（6）推动敏捷型组织建设。敏捷型组织存在共同愿景、信息透明、充分授权、快速决策、快速迭代、高效运营、结果导向等特征，那么，组织就应该结合这些特征推动敏捷型组织建设，让组织更加智能。

（7）坚持以客户为中心。无论何时，无论何地，组织智商的提升都要紧紧围绕"企业存在的唯一理由就是客户还需要你"这样一个基本的价值理念，坚持以客户为中心。

第九章

组织情商管理

一、组织情商影响因素

二、组织情商衡量

三、打造高情商组织

一、组织情商影响因素

情商，是指在对自我及他人情绪的知觉、评估和分析的基础上，对情绪进行成熟的调节，以使自身不断适应外界变化的一种调适能力。

早在 1990 年，哈佛大学教授彼得·萨洛维和新罕布什尔大学教授约翰·迈耶两位心理学家率先以情感智力描述对于一个人成功至关重要的情感特征，主要包括：同情心、表达和理解情感、控制个人脾气、独立能力、适应能力、讨人喜欢、人际关系的处理能力、持之以恒、友爱、仁慈、尊重他人等。

到了 1995 年，美国哈佛大学心理学教授丹尼尔·戈尔曼首次提出了情商的概念，他认为情商是一个人重要的生存能力，是一种发掘情感潜能、运用情感能力影响生活各个层面和人生未来的关键的品质因素。戈尔曼甚至认为，在人的成功要素中，智力因素是重要的，但更为重要的是情感因素。戈尔曼认为情绪智商包含五个主要方面：自我了解、自我认知、自我激励、识别他人的情绪、处理人际关系（图 9-1）。

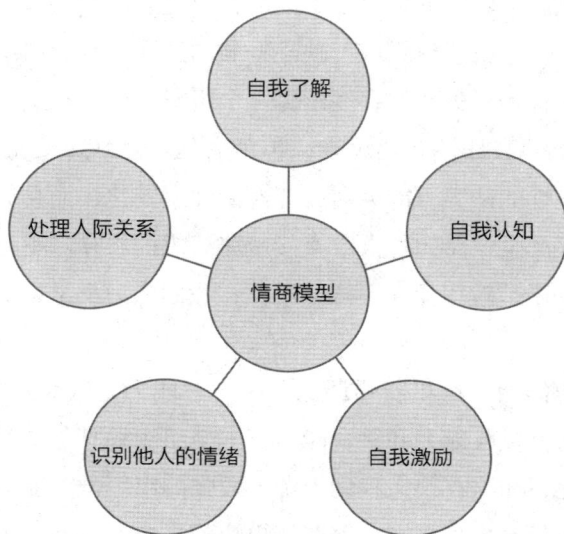

图9-1　丹尼尔·戈尔曼的情商模型

这些年大家更多关注个人情商的研究和应用，但越来越多的研究发现，情商在团队的发展过程中发挥着极其重要的作用，由此也就产生了组织情商。

组织情商，不是简单地将组织成员的情商叠加起来，更不是将组织负责人个人的情商放大，而是组织所有成员情商资源和能力的综合表现。有研究表明，一个组织的成功，20%在于组织智商，而80%的决定因素是组织情商。

我们将影响组织情商的因素归结为以下四个方面：

（1）组织成员个体情商水平。组织是由不同的个体成员组成的，组织与其成员之间实际上处于一个互动的信息交换系统之中。组织成员个体情商水平直接影响着组织情商的高低，如果组织成员情商水平都较低，动辄乱发脾气、情绪低落、毫无斗志，那么我们很难想象这样的组织在面临外部挑战时能士气高昂地对外界变化做出迅速的调整。当然，组织负责人的情商水平对组织整体情商水平的影响会更大一些，比如有些组织负责人喜欢将自己的喜怒哀乐写在脸上、对个人脾气控制能力弱、人际处理能力不强、不懂得尊重组织成员等都有可能使组织整体情商水平降低。

（2）组织处理冲突的能力。只要有人的地方就存在冲突，只要有工作的地方就存在冲突。当组织需要适应外界环境时，就是由于组织赖以生存和发展的环境与外部现实环境之间发生了冲突，产生了不协调的情况。组织冲突是客观存在的，是不以人的意志为转移的。由于不同的价值观念、习惯认同、文化习俗等同时并存于一个组织，又或者组织内部缺乏畅顺的沟通机制、组织结构上存在功能缺陷等，冲突以各种各样的形式存在于每一个组织之中。虽然冲突对组织发展的影响具有二重性，即破坏性和建设性，但如果这一组织缺乏有效管理冲突的能力，那么不但建设性的冲突可能会向破坏性的冲突转化，而且原本属于破坏性的冲突可能会对组织产生致命的打击，直接威胁组织的生存。不论是建设性冲突转化为破坏性冲突，还是破坏性冲突持续恶化，我们认为都是组织情商低下的具体表现。

（3）组织学习能力。这里所强调的组织学习能力是组织对新知识、新观念、新事物的理解能力、吸收能力和整合能力。一个组织要具备高情商，就是要做到迅速适应外界变化，而这在很大程度上源于较强的组织学习能力，尤其是在科技发展瞬息万变的当代，成功将属于那些能更快速、更有效地思考、学习、解决问题和采取行动的组织。通过学习，形成一种开放的氛围，一种准备顺时而变的态度，在努力提高自身素质的基础上对外界环境变化采取正确的调适，只有这样的组织才更具竞争优势。

（4）组织工作氛围。积极向上、乐于奉献、崇尚创新的组织氛围更加有利于组织情商的提升。试想，如果组织整体工作氛围是压抑的、死气沉沉的，久而久之组织成员的情绪也会消沉，在这种状况之下组织情商也会被抑制。

二、组织情商衡量

衡量组织情商的指标有两个，分别是员工满意度和客户满意度。其中，员工满意度是从员工的视角对组织情商的评价，员工满意度低的组织内部必然充斥着情绪低落、毫无斗志、相互指责、钩心斗角等负能量，相反，在员工满意度高的组织内部，员工每个人都洋溢着快乐、自豪，积极投入工作、同事之间彬彬有礼等正能量。同理，客户满意度则是从企业外部客户的视角对组织情商进行的感受和评价，客户满意度代表组织带给客户的愉悦感和满足感，客户满意度的高与低将直接反映出组织情商的水平。

1. 员工满意度测量

一个情商高的组织，在员工满意度方面往往具有四个基本特征，分别为：

（1）员工对个人所得满意。这里讲的员工个人所得不仅指的是物质回报，还包括精神回报、成长与发展。

（2）工作氛围和谐，工作关系简单。组织内部处处洋溢着和谐、友好的工作氛围，同事之间彬彬有礼，对待客户谦和。

（3）以目标为导向。组织内部很少钩心斗角，所有成员都以组织目标实现为努力方向。

（4）冷静面对变化，及时做出应对。面对不确定和变化，组织成员都能冷静、客观对待，让供应商、客户觉得是一个值得信赖和托付的合作伙伴。

笔者拙作《激励创造双赢，员工满意度管理 8 讲》（中国经济出版社，2007年版）中，将影响员工满意度的因素分为 5 个一级维度、18 个二级维度、100 个三级维度，如表 9-1 所示。

表9-1　员工满意度模型

一级纬度（5个）	二级纬度（18个）	三级纬度（100个）
对工作回报的满意度	物质回报	工资收入、加班工资、奖金、福利、社会保险、薪资系统、假期
	精神回报	工作乐趣、成就感、尊重与关怀、友谊与朋友、个人能力及特长的发挥、职位与权力、威信与影响力、表扬与鼓励
	成长与发展	培训与学习、机遇、晋升、知识的进步、社会地位、能力提升
	奖惩管理	物质或金钱奖励、评比优秀、罚款、记过或降级与降职处罚
对工作背景的满意度	后勤保障及支持	劳动合同、食堂、住宿、职业病防护及保健、休息场所、医疗保障、工伤保障、劳保
	工作作息制度	上下班时间、休息、加班制度、请假制度
	工作资源配备	资源充裕性、资源适宜性、设备的维护及保养、资源配备的效率、固定资产管理、新设备的配置、新技术的运用
	工作环境	舒适感、现场5S管理、污染与环保、安全感、美观、便利
对工作群体的满意度	内部和谐度	行为、礼节与礼仪、沟通与交流、人际关系、工作配合、信息与经验、员工士气及心态、舆论控制、团队精神
	工作方法和作风	工作质量、工作效率、工作成本、工作计划、责任感及能动性、灵活性与技巧、会议
	人员素质	品格、修养、观念、学识水平及经验、体质与健康、能力表现
对企业管理的满意度	管理机制	管理创新和改进、管理的连续性和稳定性、组织机构、用人机制、监察机制
	管理风格	管理才能、管理艺术、情感管理、管理的有效性
	制度情况	内部投诉、制度建设、认可程度、实施效果
	企业文化	对企业的认同感及归属感、企业形象、文体、娱乐活动、生日及节假日慰问、报纸、图书杂志、内部刊物、合理化建议

续表

一级纬度（5个）	二级纬度（18个）	三级纬度（100个）
对企业经营的满意度	产品质量	ISO 9000质量保障体系、客户投诉、客户信心及满意度、质量目标
	社会形象	与供应商的关系、对地方经济的贡献、与当地政府的关系、就业解决及社会公益事业
	发展远景	企业愿景、发展战略规划、企业经济指标

企业可以通过定期组织员工满意度测评，发现员工满意度短板并加以改善和提升，进而提升组织情商。

【案例 9-1】浙江兴华科技有限公司 2021 年员工满意度测评结果

浙江兴华科技有限公司结合实际情况，对表 9-1 提到的员工满意度模型进行了精简和再设计，最终确定了 5 个一级维度、17 个二级维度、67 个三级维度，如表 9-2 所示。

表9-2 浙江兴华科技有限公司员工满意度模型

一级纬度（5个）	二级纬度（17个）	三级纬度（67个）
对工作回报的满意度	物质回报	工资收入、奖金计算、福利、社会保险、薪资系统、假期
	精神回报	工作乐趣、成就感、尊重与关怀、友谊与朋友、个人能力及特长的发挥、职位与权力、威信与影响力、表扬与鼓励
	成长与发展	培训与学习、发展机遇、晋升、知识的进步、社会地位、能力提升
	奖惩管理	奖惩制度、处罚
对工作背景的满意度	工作保障	劳动合同
	工作作息制度	上下班时间、休息、请假制度
	工作资源配备	资源充裕性、固定资产管理、新设备的配置
	工作环境	工作环境舒适感、现场5S管理、工作环境美感、工作便利
对工作群体的满意度	内部和谐度	礼节与礼仪、沟通与交流、人际关系、工作配合、员工士气及心态、团队精神
	工作方法和作风	工作质量、成本控制、工作效率、工作计划、责任感及能动性、会议有效性
	人员素质	品格与修养、观念、学识水平及经验、能力表现

续表

一级纬度（5个）	二级纬度（17个）	三级纬度（67个）
对企业管理的满意度	管理机制	管理创新和改进、管理的连续性和稳定性、组织机构、用人机制、监察机制
	管理风格	管理才能、情感管理、管理的有效性
	制度建设	内部投诉、制度建设、实施效果
	企业文化	对企业的认同感及归属感、文化宣传、合理化建议
对企业经营的满意度	产品质量	客户投诉、客户信心及满意度
	发展远景	企业愿景、企业经济指标

公司通过对全体员工满意度调查，从满意度一级纬度、二级纬度进行了统计与分析。

从表9-3可以看到，该企业总体员工满意度得分为70.12分，属于中等偏上水平。从一级纬度来看，员工对企业管理的满意度得分最低，其次为员工对工作回报的满意度，这两项直接与员工的个人利益、企业运营规范性相关，势必会影响组织整体情商。

表9-3　浙江兴华科技有限公司2021年员工满意度调查结果（一级纬度）

一级纬度	得分	营销中心	技术中心	运营中心	财务中心	管理中心
对工作回报的满意度	67.41	69.99	69.64	65.99	65.77	65.65
对工作背景的满意度	70.55	67.77	76.04	74.58	67.92	66.46
对工作群体的满意度	73.21	71.97	74.44	67.96	70.83	80.83
对企业管理的满意度	66.48	65.83	61.58	63.60	70.83	70.54
对企业经营的满意度	72.94	75.55	75	71.665	72.5	70
均值	70.12	70.22	71.34	68.76	69.57	70.70

表9-4中的数据展示了公司员工满意度二级纬度得分水平。可以看到，该企业在员工成长与发展、管理风格、管理机制、奖惩管理、制度建设等维度是"短板"。其中，运营中心、财务中心的员工满意度相对比较低。

表9-4　浙江兴华科技有限公司2021年员工满意度调查结果（二级纬度）

二级纬度	得分	营销中心	技术中心	运营中心	财务中心	管理中心
物质回报	70.71	72.45	75.00	71.11	65.00	70.00
精神回报	71.55	73.96	78.57	69.52	71.42	64.28

续表

二级纬度	得分	营销中心	技术中心	运营中心	财务中心	管理中心
成长与发展	62.82	69.09	65.00	60.00	61.66	58.33
奖惩管理	64.55	64.44	60.00	63.33	65.00	70.00
工作保障	70.89	64.44	80.00	80.00	80.00	50.00
工作作息制度	76.22	71.11	80.00	80.00	73.33	76.66
工作资源配备	68.44	68.88	76.66	66.66	63.33	66.66
工作环境	66.66	66.66	67.50	71.66	55.00	72.50
内部和谐度	73.51	73.70	73.33	68.88	68.33	83.33
工作方法和作风	69.77	68.88	75.00	66.66	61.66	76.66
人员素质	76.33	73.33	75.00	68.33	82.50	82.50
管理机制	63.91	62.22	58.00	61.33	70.00	68.00
管理风格	62.87	65.18	46.66	62.50	63.33	76.66
制度建设	64.07	61.48	66.66	62.22	70.00	60.00
企业文化	75.05	74.44	75.00	68.33	80.00	77.50
产品质量	71.33	73.33	75.00	73.33	65.00	70.00
发展远景	74.55	77.77	75.00	70.00	80.00	70.00
均值	70.12	70.22	71.34	68.76	69.57	70.70

基于以上分析，公司提出了2021年员工满意度提升"十大工程"，如表9-5所示。

表9-5 浙江兴华科技有限公司2021年员工满意度提升"十大工程"

来源	员工满意度提升"十大工程"描述
员工成长与发展	建立职位任职资格（管理职位族、营销职位族、技术研发职位族）及发展通路（横向发展通路、纵向发展通路）
	对管理职位族、营销职位族、技术研发职位族实施任职资格认证
管理风格	建立管理成熟度评估模型和评价机制
管理机制	设立管理创新奖，及时对管理创新成果进行奖励
	优化人才选、育、用、留机制
奖惩管理	建立以年度经营目标及流程高效运营的绩效管理体系
制度建设	根据公司发展战略规划公司业务蓝图
	完成业务逻辑分析及核心业务流程、管理流程、辅助流程规划
	按中心建立流程分册（含流程图、流程步骤说明、相关制度、相关表单、相关权限）
	健全流程实施机制（流程管理流程、流程绩效、流程信息化）

2. 客户满意度测量

同样的道理，客户满意度也是组织情商的重要衡量指标，企业可以根据自己的实际情况及客户群体特征，设计符合自己的客户满意度模型（表9-6）及测量问卷，通过组织客户满意度测量与分析发现组织情商存在的问题并加以改善和提升。

表9-6　客户满意度模型

一级纬度（5个）	二级纬度（15个）	三级纬度（60个）
对产品的满意度	产品价格	价格稳定性、价格竞争力、价格合理性、价格承受能力
	产品质量	外观、稳定性、使用效果
	产品包装	包装设计、防伪标识、产品标识、包装可靠性、服务标识、包装规格
	产品交期	及时性、延误处理、数量准确性、发货差错
对服务满意度	销售服务	客户满意度体系、客户拜访、业务员态度、业务员销售技能、货款结算方式
	投诉（抱怨）处理	投诉渠道、投诉处理及时性、投诉处理专业性、受理及处理态度、处理效果、处理结果反馈
	促销服务	促销费用、促销活动策划、促销品质量、促销品发放、促销效果
	技术服务	销售手册、技术服务手段
对回报的满意度	物质回报	经济收益、收益稳定性
	成长发展回报	客户发展支持、信用体系满意度
对企业管理的满意度	品牌建设	品牌策略、品牌宣传、宣传效果、品牌知名度、品牌美誉度
	内部管理	质量体系、经销商管理体系、销售政策体系、客户满意度管理体系、服务管理体系
	企业文化	使命与愿景、企业核心价值观、企业对客户的价值取向、员工满意度、企业价值分配理念
对经营的满意度	社会形象	与供应商的关系、对地方经济的贡献、与当地政府的关系、就业解决及社会公益事业
	发展愿景	发展战略规划、企业经济指标

三、打造高情商组织

对于组织情商的提升，马晓晗在《高情商团队》一书中提出了五种法则，分别为：认知法则、沟通法则、柔情法则、激情法则和诚爱法则。

我们可以按照以下几种方式培养和打造一支高情商组织（图9-2）：

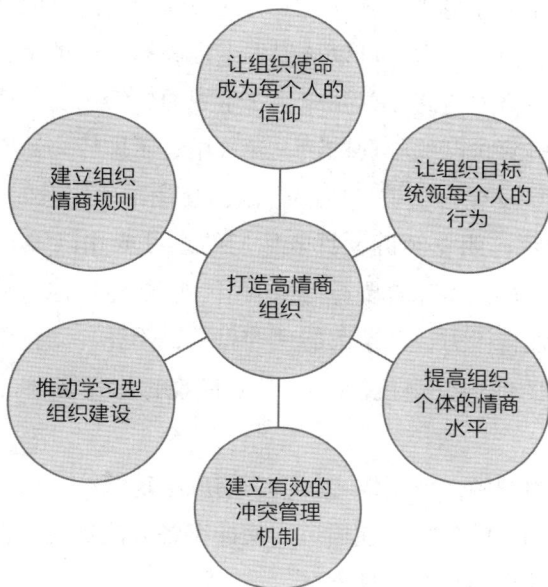

图9-2　打造高情商组织

（1）让组织使命成为每个人的信仰。组织成员情商低无非几种可能，所处组织氛围缺乏正能量、组织缺乏使命感、组织愿景不清晰……这些都是外因，当然也有诸如员工个人的成长环境、家庭背景、受教育程度等员工自身的原因。根据我们的经验，在高情商组织打造的过程中，不妨在明确组织使命、愿景的情况下，让组织成员把它当成自己的一种信仰。因为有了这样信仰，员工就会变得充实，就会觉得自己的工作有价值，而不是一遇到挫折和困难就想到抱怨、就想到推脱、就想到逃避。

（2）让组织目标统领每个人的行为。目标对人的引导作用是不言而喻的。据统计，在我们身边有超过 27% 的人是完全没有目标的，超过 60% 的曾经思考过自己的目标，10% 的人认真思考过自己的目标，只有不到 3% 的人认真制订自己的目标，并严格按照目标去努力工作。大家试想一下，如果团队成员没有明确的目标，他很有可能会由于困境和挫折而放弃对目标的追求，同时团队成员的情绪也会由于他人的放弃而受到影响。因为目标远大而且清晰是一个人情商的重要影响因素。

（3）提高组织个体的情商水平。组织情商实际上是组织成员个人情商相互磨合后的一种综合体现，要提高组织情商，应从提高组织成员的个人情商开始。对于个人而言，虽然先天性格或多或少会影响到情商的高低，但这种影响并不是绝对的，通过后天有意识的努力，可以从根本上提高对个人情绪进行成熟调节的能力。组织成员要提高个人情商，首先应建立乐观的生活态度。遇事坦然，自信自强。其次，应及时解除自己的心理枷锁。如自卑、压抑等，这些都是影响个人情商的心理枷锁。一旦发现自己被这些心理枷锁套住时，应及时寻找解锁的方法，如向自己信任的长辈、朋友倾诉，听取他们的意见或建议等。再次，应宽以待人，严以律己。宽以待人意味着要有博爱的情怀，能包容他人的缺点和个性；严以律己意味着要增强自律力，凡事都能理性思维，不凭冲动行事。

（4）建立有效的冲突管理机制。组织中有效的冲突管理机制表现为四方面特征：

第一，它管理组织内部或组织之间冲突的成本较低。

第二，它具备畅顺的信息传递通道，使冲突各方能迅速掌握真实的第一手资料，从而有针对性地提出冲突管理方案。

第三，它有清晰的冲突管理流程，当发生冲突时有关部门或人员都清楚应遵循怎样的程序去管理冲突，享有什么权利或应承担什么责任。

第四，它还应具备预见性，对潜在的冲突具有先见之明，能尽早采取措施防患于未然。

（5）推动学习型组织建设。组织情商简而言之就是组织对外界环境的调适能力。如果组织已意识到外界发生了变化，却无法采取行动进行调适，其主要原因在于组织缺乏调适的能力。要提高组织的调适能力关键在于增强其接受新知识、新观念和新事物的能力，一个有效的途径就是建立学习型组织，这也是提高组织情商的根本途径之一。不会学习的组织在竞争激烈的环境中将面临致命的危险。

学习型组织是通过在组织内部建立起完善的学习机制和知识共享机制，从而使组织具备持续的发展动力和创新能力。学习型组织不仅有利于组织成员提升个人的知识资本，而且有利于组织形成整体的竞争优势，从而达到双赢的最佳境界。

（6）建立组织情商规则。高情商组织必须建立起一套组织情商准则，指导组织成员建立相互信任感、组织归属感，以及组织成就感。过去，管理者对于提高组织业绩的研究大多集中于分析确定一些成功组织的工作方式，如员工在工作中的相互合作、积极参与以及对制定的目标做出承诺等。管理者似乎认为，一旦确定了这些工作方式，并加以模仿，就会取得与成功组织相同的业绩。但是，事实并非如此。一个组织的成功必须依赖于一些基本的条件，这些基本条件要能促进组织成员全心全意地投入到组织工作中去。

研究表明，促进组织成功的基本条件主要包括三方面：组织成员之间的相互信任、组织成员的归属感以及组织成员的成就感。如果缺乏这三方面条件，组织成员之间的参与和合作仍有可能，但是却无法达到组织应有的绩效，因为组织成员不会全心投入到组织工作中去。组织成功的三方面基本条件事实上就是组织情商的内容，因此，组织必须建立起一套情商准则，这些准则能够指导组织成员建立相互信任感、组织归属感以及组织成就感。所谓组织归属感，就是员工具有的归属于一个独特的、有价值的组织的感觉。组织成就感，是指员工对组织业绩充满信心，并且相信组织合作的工作效果高于个人的工作效果。

第十章

组织绩效管理

一、组织绩效影响因素

二、组织绩效衡量

三、打造高绩效组织

一、组织绩效影响因素

组织绩效，是衡量一个组织是否有效运营的标尺，组织绩效的高低可以直观反映一个组织的综合能力和运营水平。

影响组织绩效的因素如图 10-1 所示。

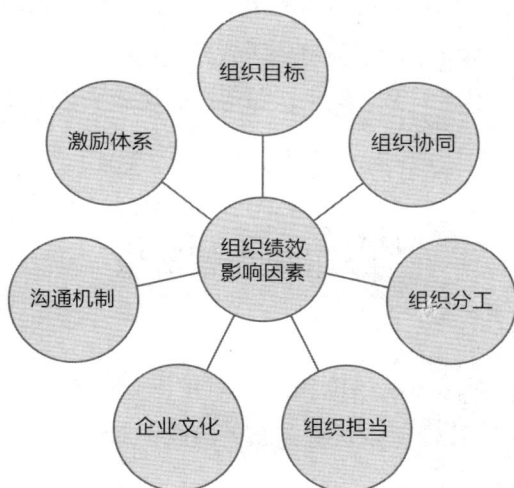

图10-1　组织绩效影响因素

（1）组织目标是否清晰。组织目标有战略目标、年度经营目标之分，又有公司目标、团队目标之别。总之，如果组织目标不清晰，就很有可能导致组织成员像无头苍蝇到处乱撞。因此，我们将组织目标作为影响组织绩效的首要因素。

（2）组织协同是否高效。目标清晰了，但如果组织之间、组织内部缺乏高效、系统、以客户为中心的协同规则，组织绩效同样是低下的，因为我们知道，组织协同的目的就是要高效、低成本、超越客户预期地满足客户价值主张。

（3）组织分工是否清晰。在企业内部，我们往往会按照中心、部门、岗位进行职能分工，在分工过程中难免出现分工的真空地带，这就会造成中心之间、部门之间、岗位之间推诿扯皮，给企业带来内耗，进而影响组织整体绩效。

（4）团队成员是否有担当。团队成员的担当也直接影响组织整体绩效，员工如果抱着"60分万岁"的态度做事，组织绩效肯定是低下的，但如果每个员工都抱着"100分才算及格"的心态做事，组织整体绩效肯定会比较高。

（5）企业文化是否健康。积极、健康的企业文化会为企业绩效管理体系的实施奠定坚实的基础，富有绩效管理思想的员工队伍也会为绩效管理体系的实施扫清人际障碍。

（6）沟通机制是否顺畅。不论是绩效目标分解、绩效指标确定、绩效考核表编制、绩效辅导，还是绩效评价，都需要考核者与被考核者之间进行顺畅、有效的沟通，缺乏高效顺畅沟通机制的企业是推行不好绩效管理体系的。

（7）激励体系是否科学。绩效结果应用一定要与员工的激励挂钩，比如员工年终奖金计算、绩效工资计算、员工薪酬层级晋升、职位晋升、职位降低、职位调动、员工培训、职业发展、优才计划、公司决策等，否则就失去了绩效管理的原动力。

二、组织绩效衡量

要想对组织绩效进行客观评价和定性衡量，企业必须健全组织绩效管理体系。通常而言，组织绩效管理体系由三部分构成，即绩效指标体系、绩效管理结构、绩效管理手册。

1. 绩效指标体系

绩效指标体系的建立使量化评价企业各个层级的绩效变得更简单，同时也使企业目标的分解有了载体。组织绩效指标通常可以分为基于战略的 KPIs（Key Performance Indicators of Strategy）、基于流程的 KPIp（Key Performance Indicators of Process）以及基于职能的 KPIo（Key Performance Indicators of Organization）。

（1）基于战略的 KPIs。KPIs 来源于企业的发展战略及年度经营计划，用罗伯特·卡普兰、戴维·诺顿的理论框架就是把公司战略实施策略或者年度经营策略规划分门别类地放到战略地图当中变成战略主题，再按照质量、数量、时间、成本等维度对每项战略主题进行量化。由于企业不同战略发展阶段和每个经营年度的策略会不同，就意味着不同阶段战略地图中的战略主题是不同的，因此 KPIs 经常会随着公司发展战略及年度经营计划的调整而发生改变。

【案例 10-1】浙江兴华科技有限公司 2021 年 KPIs（图 10-2、表 10-1）

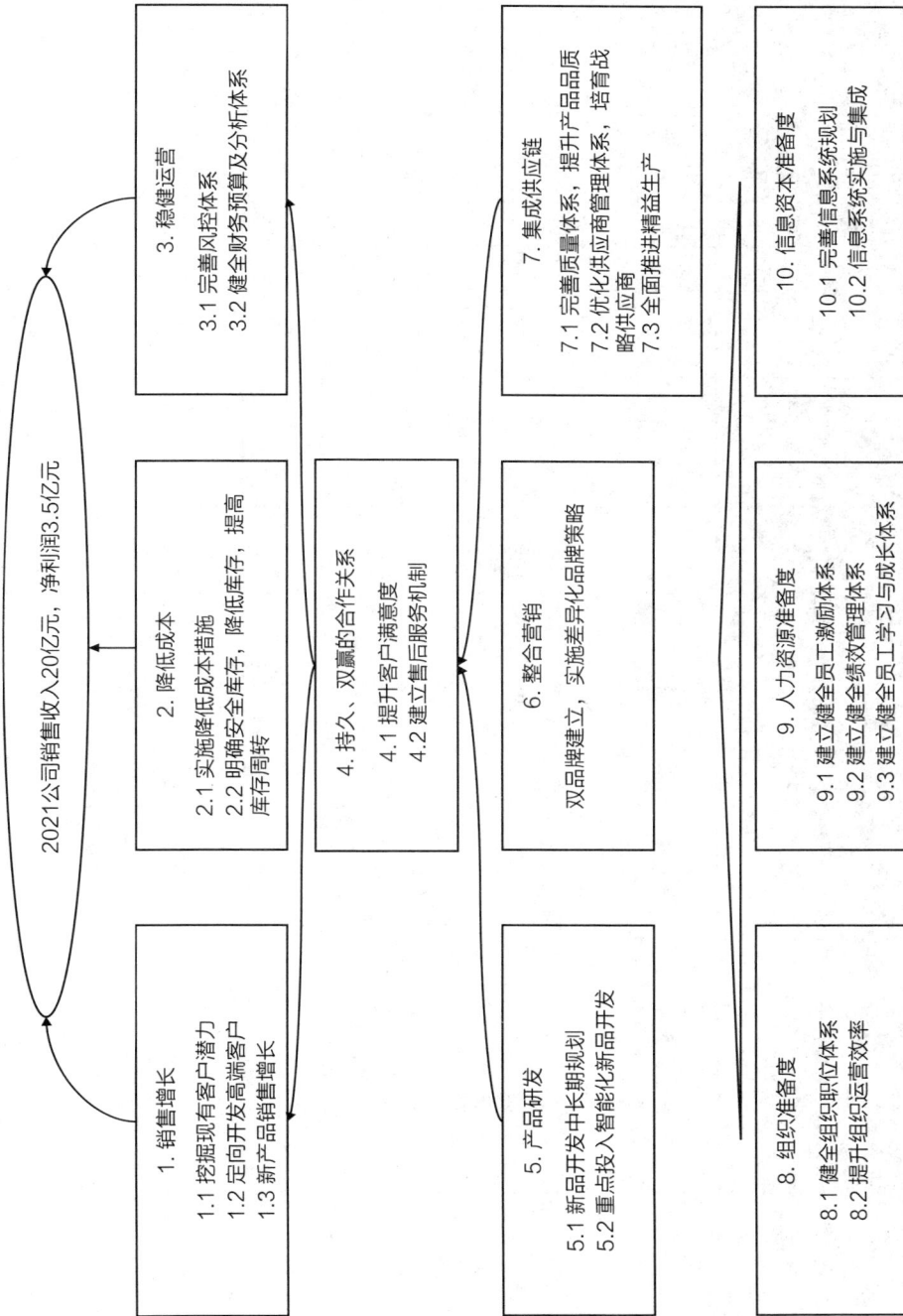

2021公司销售收入20亿元，净利润3.5亿元

1. 销售增长
1.1 挖掘现有客户潜力
1.2 定向开发高端客户
1.3 新产品销售增长

2. 降低成本
2.1 实施降低成本措施
2.2 明确安全库存，降低库存，提高库存周转

3. 稳健运营
3.1 完善风控体系
3.2 健全财务预算及分析体系

4. 持久、双赢的合作关系
4.1 提升客户满意度
4.2 建立售后服务机制

5. 产品研发
5.1 新品开发中长期规划
5.2 重点投入智能化新品开发

6. 整合营销
双品牌建立，实施差异化品牌策略

7. 集成供应链
7.1 完善质量体系，提升产品品质
7.2 优化供应商管理体系，培育战略供应商
7.3 全面推进精益生产

8. 组织准备度
8.1 健全组织职位体系
8.2 提升组织运营效率

9. 人力资源准备度
9.1 建立健全员工激励体系
9.2 建立健全绩效管理体系
9.3 建立健全员工学习与成长体系

10. 信息资本准备度
10.1 完善信息系统规划
10.2 信息系统实施与集成

图 10-2 浙江兴华科技有限公司 2021 年战略地图

表10-1 浙江兴华科技有限公司2021年KPIs规划

一级主题	二级主题	KPIs	年度目标	品牌与市场部	销售管理部	国内销售部	国际贸易部	售后服务部	基础研究部	研发设计部	设备工程部	计划仓储部	质量管理部	采购管理部	生产管理部	财务管理部	经营管理部	行政服务部	人力资源部
1. 销售增长	1.1 挖掘现有客户潜力	现有国内客户销售收入	>14亿			√													
		现有国际客户销售收入	>3.5亿				√												
	1.2 定向开发高端客户	高端客户开发数量	>30家			√	√			√									
		高端客户销售收入	>2.5亿			√	√												
	1.3 新产品销售增长	新产品销售收入	>5.6亿	√		√	√			√									
2. 降低成本	2.1 实施降低成本措施	原材料成本下降率	>3%											√					
		万元产值售后费用	<35元					√		√			√		√				
	2.2 明确安全库存，降低库存，提高库存周转	原料库存周转率	>6.5次									√	√	√					
		成品库存周转率	>12次		√							√							

续表

一级主题	二级主题	KPIs	年度目标	品牌与市场部	销售管理部	国内销售部	国际贸易部	售后服务部	基础研究部	研发设计部	设备工程部	计划仓储部	质量管理部	采购管理部	生产管理部	财务管理部	经营管理部	行政服务部	人力资源部
3. 稳健运营	3.1 完善风控体系	风控体系实施时间	5月31日前														√		
	3.2 健全财务预算及分析体系	预算准确率	±10%|=10%													√			
		财务分析有效性	>90分													√			
4. 持久、双赢的合作关系	4.1 提升客户满意度	客户满意度	>95分					√											
	4.2 建立售后服务机制	售后服务满意度	>90分					√		√									
		售后服务网点建立	>10家					√	√										
5. 产品研发	5.1 新品开发中长期规划	新品开发中长期规划完成时间	7月31日前	√															
	5.2 重点投入智能化新品开发	智能化新产品开发投入	>3000万元						√	√									
6. 整合营销	双品牌建立，实施差异化品牌策略	双品牌策划完成时间	3月31日前	√															

续表

一级主题	二级主题	KPIs	年度目标	品牌与市场部	销售管理部	国内销售部	国际贸易部	售后服务部	基础研究部	研发设计部	设备工程部	计划仓储部	质量管理部	采购管理部	生产管理部	财务管理部	经营管理部	行政服务部	人力资源部
7. 集成供应链	7.1 完善质量体系，提升产品品质	来料不良率	<1.5%										√	√					
		销售维修台次	<18.9‰					√					√	√					
	7.2 优化供应商管理体系，培育战略供应商	战略供应商开发数量	>12家											√					
	7.3 全面推进精益生产	精益生产项目满意度	>90分												√				
8. 组织准备度	8.1 健全组织职位体系	专项工作	/																√
	8.2 提升组织运营效率	专项工作	/														√		
9. 人力资源准备度	9.1 建立健全员工激励体系	专项工作	/																√
	9.2 建立健全绩效管理体系	专项工作	/														√		√
	9.3 建立健全员工学习与成长体系	专项工作	/																√
10. 信息资本准备度	10.1 完善信息系统规划	专项工作	/														√		
	10.2 信息系统实施与集成	专项工作	/														√		
KPIs个数				3	1	4	4	5	2	4	0	2	3	4	2	2	5	0	4

可以看到，每个部门的 KPIs 数量不尽相同，甚至有些部门都没有 KPIs，这是很正常的现象，因为企业每年的经营重点不同，战略主题就不同，只要甄别出每个战略主题对应的 KPIs 及责任部门就可以了。

（2）基于流程的 KPIp。KPIp 来自公司流程。所谓流程，是指一系列的、连续的、有规律的活动，而这些活动以特定的方式进行，并导致特定结果的产生。请注意：

①流程是"一系列的、连续的、有规律的活动"：正因为这样，这些"活动"是有先后顺序或并列关系的，同时这种先后或并列关系是连续和有规律的。

②流程是"以特定的方式进行"：在流程运作的过程中，不同公司、不同发展阶段其"活动"之间的运作方式是不同的。

③流程是"导致特定结果的产生"：流程最终目的在于创造价值，也就是增值，这种增值可能是效率提升、成本降低、销售增加、利润增长、质量提高，也可能是客户满意、员工满意，这与每个流程的目的（流程绩效）有关。

流程可以帮助企业高效、低成本、高质量达成客户需求，因此，KPIp 一般用作衡量企业满足客户需求的效率、成本、质量、客户满意度。另外，企业还需要注意，KPIp 一定与多个部门或责任主体相关。

【案例 10-2】浙江兴华科技有限公司 2021 年 KPIp（表 10-2）

表10-2　浙江兴华科技有限公司KPIp规划

客户诉求	KPIp	品牌与市场部	销售管理部	国内销售部	国际贸易部	售后服务部	基础研究部	研发设计部	设备工程部	计划仓储部	质量管理部	采购管理部	生产管理部	财务管理部	经营管理部	行政服务部	人力资源部
订单准时	订单准时交付率		√	√	√			√	√	√		√	√				
	订单交付周期							√	√	√		√	√				
产品质量	客户开箱不良率										√	√	√				
产品价格	产品价格竞争力	√	√	√	√	√	√	√					√	√	√	√	√
客户服务	客户满意度	√	√	√	√	√							√				

需要说明的是，与客户直接相关的 KPIp 其实并不多，而且每家企业的客户群体不同，客户的价值主张也会存在差异，企业需要根据自己的业务特性和客户实际需求甄别和规划 KPIp。

（3）基于职能的 KPIo。KPIo 来源于部门职能，用来衡量部门职能是否有效履行，或者部门职能履行效果如何。针对每项职能可以有多个 KPIo，也可以只用一个 KPIo 衡量。

【案例 10-3】浙江兴华科技有限公司 2021 年 KPIo（表 10-3）

表10-3 浙江兴华科技有限公司2021年KPIo规划

部门	KPIo
品牌与市场部	部门预算达成率、新产品利润贡献、市场活动满意度
销售管理部	部门预算达成率、订单评审及时率、订单变更次数
国内销售部	部门预算达成率、销售回款及时率
国际贸易部	部门预算达成率、销售回款及时率
售后服务部	部门预算达成率、销售服务满意度、客诉受理及时率
基础研究部	部门预算达成率、基础研究计划达成率
研发设计部	部门预算达成率、产品开发计划发成率
设备工程部	部门预算达成率、设备稼动率、设备维修计划达成率
计划仓储部	部门预算达成率、生产计划达成率
质量管理部	部门预算达成率、原料一次交检合格率、成品一次交检合格率
采购管理部	部门预算达成率、采购计划达成率
生产管理部	部门预算达成率、生产计划达成率、物料浪费率
财务管理部	部门预算达成率、财务分析有效性、财务数据提供及时性与准确性
经营管理部	部门预算达成率、各部门KPI达成率、各部门关键事项达成率、流程建设计划达成率、信息系统宕机次数
行政服务部	部门预算达成率、后勤服务满意度
人力资源部	部门预算达成率、招聘计划达成率、培训计划达成率、培训满意度

2. 绩效管理架构

绩效管理架构是企业建立目标绩效管理体系的基础，是企业目标分解的责任担当架构，也是企业目标实现的组织架构。一般来说，企业的绩效管理架构可以由公司绩效、部门绩效和员工绩效三层构成，有的集团化大型企业也分为集团绩效、子公司或者事业部绩效、部门绩效和员工绩效四层构成。总之，绩效管理架构可以与公司的管理层级及业务架构保持完全一致，当然也可以根据企业业务特性有所差异。

【案例10-4】浙江兴华科技有限公司 2021 年绩效管理架构（表10-4）

表10-4　浙江兴华科技有限公司2021年绩效管理架构规划

绩效层级		考核周期	考核内容	考核结果应用	考核人
公司绩效		年度考核	KPIs	计算公司年终奖金总额	绩效委员会
中心级绩效		季度考核	KPIs、KPIp	计算中心年终奖金总额	总经理
部门绩效		季度考核	KPIs、KPIp、KPIo	计算部门季度绩效工资总额 计算部门年终奖金总额	总经理
员工绩效	公司高管	年度考核	KPIs、公司级关键事项	计算高管年终奖金	绩效委员会
	中心负责人	年度考核	KPIs、公司级关键事项	计算中心负责人年终奖金	总经理
	部门负责人	季度考核	KPIs、KPIp、KPIo、KCI、部门关键事项	计算部门负责人季度绩效工资 计算部门负责人年终奖金总额	总经理
	主管级员工	季度考核	KCI、岗位关键事项等	计算员工季度绩效工资 计算员工年终奖金	部门负责人
	操作类员工	月度考核	KBI、KCI	计算员工季度绩效工资及计算员工年终奖金	部门负责人

3. 绩效管理手册

绩效管理手册是企业进行绩效管理运作的基本法，绩效管理手册中包含绩效管理理念、绩效管理制度、绩效管理流程、绩效管理表单四部分，也可以称为"绩效管理手册四要素"。

（1）绩效管理理念。绩效管理理念是企业绩效管理手册设计的基础，是企业绩效管理的价值主张与导向。

（2）绩效管理制度。绩效管理制度是企业绩效管理手册设计的核心。在绩效管理制度中需要明确企业绩效管理原则、绩效管理组织、绩效管理架构、绩效评价周期、绩效成绩与绩效系数、绩效排名、绩效资格认定、绩效结果应用、绩效申诉、绩效沟通、绩效改进等工作准则。

（3）绩效管理流程。绩效管理流程包括企业发展战略规划流程、年度经营计划管理流程、战略地图绘制及管理流程、平衡计分卡与年度经营目标分解流程、绩效指标词典管理流程、公司级绩效管理流程、部门级绩效管理流程、员工级绩效管理流程、绩效指标变更流程、绩效申诉流程等。

（4）绩效管理表单。绩效管理表单包括公司年度绩效考核表、高管绩效考核表、中心绩效考核表、部门绩效考核表、员工绩效考核表、绩效指标定义表、绩效指标信息收集提报表、绩效指标变更申请表、绩效申诉表等。

三、打造高绩效组织

提高组织绩效，打造高绩效组织，应该从以下几点抓起：

（1）组织绩效文化培植。绩效文化的核心是客户导向、结果导向，没有绩效的任何努力都是在浪费和消耗组织的资源。因此，打造高绩效组织的首要任务就是要在组织内部建立起一套所有成员高度共识的绩效理念和绩效行为标准，如阿里巴巴"六脉神剑"中提到的客户第一、华为倡导的奋斗者为本、腾讯倡导的尽责等，大都与客户导向、结果导向的绩效文化相关。

（2）绩效管理师队伍培养。组织绩效的推进不只是涉及某一个、两个部门的事情，而是事关全员、全系统的事情。因此，需要在企业内部培养以核心管理层为主，各级管理人员为辅的绩效管理师队伍。企业内部绩效管理师需要理解公司战略意图，精通公司核心业务，系统掌握绩效管理相关工具和方法，同时还要深刻领会和领悟企业的绩效管理理念。

（3）组织绩效体系建立。绩效管理体系包括绩效指标体系、绩效管理结构、绩效管理手册三部分内容，企业需要根据自己的实际建立和不断完善绩效管理体系，并确保绩效体系的有效性、完整性和可实施性。

第十一章　组织变革管理

一、为什么要进行组织变革

二、组织变革曲线

三、组织变革实践

四、组织变革风险管理

一、为什么要进行组织变革

企业为什么要进行组织变革？我们知道，企业外围的经营环境、竞争环境以及企业内部的管理环境、人力资源整体素质随时都有可能发生变化，那么支撑企业战略落地和实现的组织就必须随之变化。

（1）经济环境的变化要求企业进行组织变革。随着全球经济一体化进程的加速，企业竞争的经济环境已不再是地区性的竞争，而是全球性的竞争。在这种环境之下，企业必须完成：从"短缺经济"变革为"过剩经济"、从"生产"导向变革为"客户"导向、从"地域"竞争变革为"全球化"竞争、从相对"稳定"变革为快速"变化"、从产品型成功到能力型成功。

（2）市场环境的变化要求企业组织变革。企业所在的市场环境也在不断发生变化，诸如供需地位发生了变化、客户需求转化为多元化、功能型消费转化为个性化消费、竞争愈加剧烈、同质化现象日趋严重、市场运作越来越规范、消费心理逐渐成熟等，这些因素都要求企业进行变革。

（3）管理环境的变化要求企业组织变革。很多企业在快速发展的同时，经常会遇到诸如感性管理转化为理性管理；"人治"转为"法治"；经验管理转化为规范性管理；模糊管理转化为量化管理；单一业务型管理转化为结构、系统型管理；管理方式向发展、规划型转化；管理滞后于发展等困惑。这说明企业的管理环境在不断变化，企业也需要相应地调整和变革。

（4）人员素质的变化要求企业组织变革。社会经济越发达，员工素质越高，员工需求的多样化也就越突出，现在很多员工在企业工作，已经不再像以前那样与企业是简单的雇用与被雇用的关系，而已经变为员工与企业共成长的"双赢"关系。同时人力资本在价值创造中的作用越来越突出，企业间的竞争越来越依赖人才，个体能量的差异、价值差异越来越大，对员工任职能力提出更高的要求，员工的技能不能满足发展的需要，人才需求由单一型人才转化为复合型人才等因素，也迫使企业不得不思考如何通过组织变革来满足发展的需要。

二、组织变革曲线

企业外部的经营环境和内部战略意图始终处于变化过程中，因此企业组织变革将是一个常态化的工作，但组织变革存在很大的不确定性，也存在变革失败的可能性。因此，我们在组织变革前需要充分了解组织变革曲线，将有助于我们推动组织变革工作。图 11-1 是组织变革曲线。

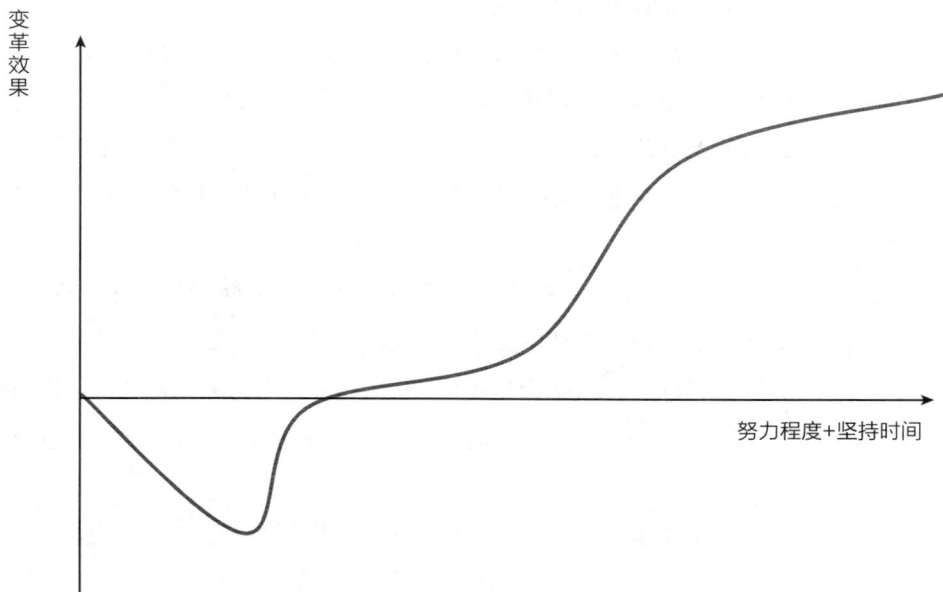

图11-1　组织变革曲线

从图 11-1 可以看到，变革一开始的时候，限于种种原因，变革的效果可能会很差，甚至出现负面的效果。如果这时候企业没有充分认识而放弃变革的话，变革肯定要以失败而告终。但如果企业再坚持，变革效果会随着努力程度和坚持时间的延长逐渐向好的方向发展，取得最终的胜利。

统一思想、统一行动是企业进行任何一项管理变革都需要的法宝。变革最大的困难就是人的因素，人的观念改变了，变革就成功了一大半。如果再有详细可行的行动计划，就可以引导企业变革走向成功。

三、组织变革实践

组织变革存在客观变量和不确定性，企业要想确保每一次变革成功，我们首先需要分析组织变革过程中经常会面临的人的因素。因为组织变革势必会对现有的工作习惯带来冲击和影响，难免会有人不赞同甚至抵制，最终造成企业组织变革收效甚微或流于形式，客观认识组织变革过程中的众生相，并对症下药采取措施才能保证企业组织变革取得预期的效果。

根据我们的经验，在组织变革的过程中，经常会面临三种类型的人：

（1）既得利益受到伤害者。不管是经济利益，还是权力被削弱，职位发生变化，都有可能对相关人员的利益受到伤害，对于这类人，我们的解决办法是"动之以情，晓之以理"，讲清楚公司组织变革的必要性和意义，从保证企业大局利益的角度进行说明。

（2）任职者不能胜任新组织的需要。组织变革很有可能会对原来的操作习惯、岗位任职要求提出更高、更新的要求，在这个过程中势必会对现有人员的技能提出挑战，由此造成有些人的能力达不到新组织的需求，对于这类人，我们的解决办法是"扶上马，送一程"，给予适当的培训，同时辅导他们按照新组织的要求执行。

（3）任职者不能适应新组织变革。企业在进行组织变革的时候，还有一类人，他们往往是老资格、老前辈，他们总是抱着"不管组织怎么变，老子就是不变"的态度。对于这类人，在合适的时候选择其他职位是一种比较合适的选择。

为了解决这一问题，确保组织变革顺利进行，对于企业来讲，必须认识到其内部存在着不同的利益团体。这些利益团体有些是以个人联盟的形式出现，有些则是以组织联盟的形式出现。这些利益团体相互联合或相互对立，争取有利于自身的资源和政策。而这种利益团体之间的联盟关系往往存在着很大的脆弱性，当各种利益平衡关系被打破之后，这些利益团体又会产生新的联盟并加剧竞争。

组织变革作为一种管理手段，在实施后将会打破原有的利益联盟之间的关系，比如权力的划分、职能的调整、管理方式的改变、运作机制的调整等，因此，实施的道路将不会是一帆风顺的。因此在进行组织实施的过程中，许多情况下需要用不同的策略去推动变革的实施。

（1）展示一种没有威胁的表象。有的企业在进行组织变革的初期，就大张旗鼓地要求进行人员精减，提高组织运作效率，搞得人人自危。这样的一种项目实施氛围对于组织变革实施没有任何帮助，相反还会增加不少的阻力。在试图进行组织优化与变革中，应以比较保守的形象示人，一般不要给人以对现有组织造成威胁的印象。

（2）从组织利益的角度去说明变革意义。实施组织变革不可避免会对企业内部的相关人员形成冲击。因此在对员工进行组织介绍说明时，不要歪曲信息，但可以从组织利益的角度去谈论组织变革目的和意义。

（3）同强势利益团体结成伙伴。在实施组织变革的过程中，除了获得高层领导的支持和配合外，与企业内部的部分强势利益团体结成联盟伙伴关系，也有助于项目的实施与推进。

（4）分散反对意见，公开分歧意见。对于组织实施过程中出现的反对意见，不应该压制或者隐瞒，而应通过公开讨论使之分散，否则只会增加组织操作人员隐蔽地阻挠变革努力的机会。通过邀请组织相关人员（包括反对人员）进行公开讨论与沟通，回答相关反对意见，消除惧怕或者抵触的情绪，并利用数据、事实和理论等方式来处理分歧，获得相关组织系统内部的最大理解和支持。

四、组织变革风险管理

任何一项变革都是有风险的，而组织体系关乎每个人的切身利益，所以其变革的风险会更大，组织管理风险存在于组织管理的理念、制度和技术三个层次。

组织变革的风险包括：

（1）理念风险。理念是企业最基本、最集中的价值取向，有什么样的理念，就有什么样的实践。人力资源管理也需要理念，落后和超前的管理理念都会深深影响着人力资源管理的制度和实践。

组织变革首先会冲击员工的理念，如果员工不认同公司的组织管理理念，员工就很难在公司认真工作。所以说，企业在组织变革前一定要明确公司的相关理念，比如组织管理原则、组织绩效管理理念、组织体系设计理念、组织权力分配理念等。

（2）制度风险。制度化的管理起源于社会化大生产，企业的规模越大，分工越精细，协作关系越紧密，就越需要有严格的责权规定、行为规范和工作标准，否则就不能保证群体的行为协调和共同目标的实现。企业组织管理当然也不能离开制度化的理性原则，它也要在一套行之有效的制度下实施管理。所以，缺乏现代组织管理理念指导下的制度，或者制度本身的不健全、制度的不系统，都会造成组织变革的风险。

企业在进行组织变革的时候，一定要根据既定的组织管理理念去设计、制定相关的管理制度，俗话说：一个好的制度是让不好的员工办好事，一个不好的制度是让好员工办坏事。可见，一个好的制度对于企业发展是多么重要。

（3）管理技术风险。有了先进的理念、规范的制度就一定可以保证组织变革成功吗？答案是：不一定！要想确保组织变革成功，还需要借助一些先进的管理技术和工具。

我们看到，很多企业在组织变革的过程中会运用很多全新的管理技术和工具，如 ERP、CRM、SRM、OA 以及部门职能矩阵、任职资格矩阵、工作饱和度分析等，这些技术和工具本身没有错，但如果不结合企业发展阶段与员工综合素质实际，往往也会出现事倍功半、有头无尾、无法落实的问题。

附　录

本书案例来源及技术支持

信睿咨询　　　　　　　　　　南粤商学　　　　　　　　CPIO 协会

信睿咨询　信睿咨询是由国内知名管理专家水藏玺、吴平新发起，以"持续提升客户经营业绩"为追求目标，始终坚持"以客为尊，以德为先"的经营理念。结合十多年理论研究与企业实践，信睿咨询率先开创性地提出了"SMART—EOS 企业经营系统"理论，信睿咨询认为，企业的任何一项经营活动和管理行为都必须以提升企业市值为准绳。同时，在与客户合作模式方面，信睿咨询提出的"与客户结婚"和"咨询零收费"模式开创了国内咨询行业全新的商业模式。

南粤商学　南粤商学是由国内知名管理专家水藏玺、张少勇等为核心发起人，联合近 300 位优秀企业家及企业高级管理者，以"信睿 SMART—EOS 企业经营系统"为理论基础，以"拓展管理视野"为使命，传播南粤（广州以南，珠江两岸）优秀企业管理经验，推动中国企业提升管理能力，怀揣"管理报国，利润报企，幸福报民"的理想，旨在帮助中国企业实现管理升级，为早日实现"中国梦"而努力。

CPIO 协会　深圳首席流程创新官协会（Chief Process Innovation Officer，简称 CPIO）是由国内知名管理专家水藏玺、张少勇、王剑等人发起，旨在帮助企业打造一批优秀的 CPIO。

CPIO 的工作职责覆盖首席信息官（Chief Information Officer，CIO）、首席创新官（Chief Innovation Officer，CIO）和首席流程官（Chief Process Officer，CPO）的范畴，优秀的 CPIO 是企业经营系统升级的主要推动者和责任承担者。

目前，首席流程创新官协会在深圳、苏州、佛山、珠海等地设有分会。

水藏玺作品集

序号	书名	出版社	出版时间
1	吹口哨的黄牛：以薪酬留住人才	京华出版社	2003
2	金色降落伞：基于战略的组织设计	中国经济出版社	2004
3	睁开眼睛摸大象：岗位价值评估六步法	中国经济出版社	2004
4	管理咨询35种经典工具	中国经济出版社	2005
5	看好自己的文件夹：企业知识管理的精髓	中国经济出版社	2005
6	绩效指标词典	中国经济出版社	2005
7	培训促进成长	中国经济出版社	2005
8	拿多少，业绩说了算	京华出版社	2005
9	成功向左、失败向右：在企业的十字路口如何正确决策	中国经济出版社	2006
10	激励创造双赢：员工满意度管理8讲	中国经济出版社	2007
11	人力资源管理最重要的5个工具	广东经济出版社	2008
12	人力资源管理体系设计全程辅导（第1版）	中国经济出版社	2008
13	企业流程优化与再造实例解读（第1版）	中国经济出版社	2008
14	金牌班组长团队管理	广东经济出版社	2009
15	薪酬的真相	中华工商联出版社	2011
16	流程优化与再造：实践、实务、实例（第2版）	中国经济出版社	2011
17	管理成熟度评价理论与方法	中国经济出版社	2012
18	流程优化与再造（第3版）	中国经济出版社	2013
19	定工资的学问	立信会计出版社	2014
20	互联网时代业务流程再造（第4版）	中国经济出版社	2015
21	管理就是解决问题	中国纺织出版社	2015
22	年度经营计划管理实务（第1版）	中国经济出版社	2015
23	学管理 用管理 会管理	中国经济出版社	2016
24	人力资源就该这样做	广东经济出版社	2016

序号	书名	出版社	出版时间
25	人力资源管理体系设计全程辅导（第2版）	中国纺织出版社	2016
26	互联网+：电商采购•库存•物流管理实务	中国纺织出版社	2016
27	年度经营计划制订与管理（第2版）	中国经济出版社	2016
28	班组长基础管理培训教程	化学工业出版社	2016
29	互联网+：中外电商发展路线图	中国纺织出版社	2017
30	石油与化工安全管理必读	化学工业出版社	2018
31	年度经营计划制订与管理（第3版）	中国经济出版社	2018
32	不懂解决问题，怎么做管理	中国纺织出版社有限公司	2019
33	不懂流程再造，怎么做管理	中国纺织出版社有限公司	2019
34	高绩效工作法	中国纺织出版社有限公司	2019
35	业务流程再造（第5版）	中国经济出版社	2019
36	胜任力模型开发与应用	中国经济出版社	2019
37	年度经营计划制订与管理（第4版）	中国经济出版社	2020
38	不懂激励员工，怎么做管理	中国纺织出版社有限公司	2021
39	不懂带领团队，怎么做管理	中国纺织出版社有限公司	2021
40	人力资源管理体系设计全程辅导（第3版）	中国经济出版社	2021
41	不懂组织再造，怎么做管理	中国纺织出版社有限公司	2021